놀이를
부탁해

놀이를
부탁해

초판 인쇄일 2017년 2월 20일
초판 발행일 2017년 2월 27일

지은이 장은미, 전혜경, 조상원
발행인 박정모
등록번호 제9-295호
발행처 도서출판 혜지원
주소 (10881) 경기도 파주시 회동길 445-4(문발동 638) 302호
전화 031)955-9221~5 팩스 031)955-9220
홈페이지 www.hyejiwon.co.kr

영업마케팅 김남권, 황대일, 서지영
ISBN 978-89-8379-923-4
정가 10,000원

Copyright © 2017 by 장은미, 전혜경, 조상원 All rights reserved.
No Part of this book may be reproduced or transmitted in any form,
by any means without the prior written permission on the publisher.

이 책은 저작권법에 의해 보호를 받는 저작물이므로 어떠한 형태의 무단 전재나 복제도 금합니다.
본문 중에 인용한 제품명은 각 개발사의 등록상표이며, 특허법과 저작권법 등에 의해 보호를 받고 있습니다.

이 도서의 국립중앙도서관 출판예정도서목록(CIP)은 서지정보유통지원시스템 홈페이지(http://seoji.nl.go.kr)와
국가자료공동목록시스템(http://www.nl.go.kr/kolisnet)에서 이용하실 수 있습니다.(CIP제어번호: CIP2017003181)

♥ 부모와 교사를 위한 육아 놀이 지침서 ♥

놀이를 부탁해

혜지견

머리말

영유아기는 전 생애에서 다양한 발달이 급속도로 이루어지는 중요한 시기입니다. 영유아기에 이루어져야 할 다양한 발달 과업들은 부모와 같은 양육자를 비롯하여 영유아를 둘러싼 주변 환경과의 끊임없는 상호작용을 통해 이루어집니다. 자꾸 말을 걸어주고 옹알이에 반갑게 답해주는 양육자 밑에서 자란 아이와 그렇지 않은 양육자 밑에서 자란 아이를 비교해 보면 우선 언어능력에서 차이가 납니다. 유아기의 언어능력은 지능과 밀접한 관계가 있기 때문에 지적 능력에서도 차이가 나고, 언어능력은 내 감정을 표현하고 남의 감정을 이해하는 능력이기도 하므로 사회성 발달에서도 차이를 보이게 됩니다.

쉽고 편리하고 화려한 놀이 방법을 말한다면 TV, 핸드폰, 동영상과 같은 미디어를 따라갈 수 없지만, 이러한 자극에 익숙해지면 정보를 수동적으로 받아들이게 되고 상호작용을 체험하지 못하는 영유아로 자라나게 됩니다. 그에 비해 부모나 선생님과의 놀이를 통해 언어뿐만 아니라 온몸으로 체험하며 자라난 영유아들은 놀이하는 과정에서 듣고, 보고, 만지고, 느끼면서 양육자의 사랑을 느끼는 행복한 경험을 하게 됩니다.

양육자 입장에서도 영유아와 많은 놀이 경험이 있을수록 아이의 개성과 재능을 잘 알게 되고, 영유아와의 놀이에서 자신의 목소리를 내기에 앞서 아이의 말에 귀를 기울이는 대화 방법, 기다릴 수 있는 인내심, 예상하지 못했던 결과를 받아들일 수 있는 여유, 가르치기에 앞서 모범을 보이는 양육자의 자세를 터득하게 됩니다. 따라서 영유아와의 놀이는 아이가 성장하는 내내 바람직한 관계 형성과 환경을 제공할 수 있는 양육자가 되기 위한 훈련의 과정입니다.

이 책에는 모두가 교사였고 부모였던 저희들이 아이를 키우면서 느꼈던 점, 주위 분들의 조언, 그리고 여러 훌륭한 육아 지침서의 가르침을 바탕으로 부모님들과 교사들에게 전하고 싶은 놀이를 표준 보육 과정의 영역에 맞추어 분류하여 제시하였습니다.

책에 제시된 놀이 순서와 양육 팁은 참고를 위한 것이며, 만약 아이가 보이는 반응이 다르다거나 주어진 시간과 공간, 놀이 재료들이 같지 않다면 양육자는 융통성을 발휘해 다른 방법으로 응용해 놀아 주시기를 바랍니다.
아이들마다 개성이 다르고 발달 영역별 성장 속도가 다르기 때문에 아이가 놀이에 관심을 보이지 않는다거나 기대했던 것과 다른 반응을 보일 수도 있고, 아이가 흥미를 느끼지 못하는 경우에는 놀이를 강요해서는 안 됩니다. 아이가 재미있어 하고 계속해서 하고 싶어 하는 놀이가 좋은 놀이입니다.

마지막으로, 가능한 한 놀이의 재료는 만들어 주실 것을 당부 드립니다. 비록 볼품은 없을지 몰라도, 사랑이 담긴 놀잇감이 아이들에게는 더 좋은 장난감이며, 놀이 재료를 만드는 모습을 지켜보고 조금이라도 거드는 것 자체가 아이들에게는 더없이 좋은 놀이이기 때문입니다.
감사합니다.

저자 일동

목 차

머리말   4

Part 1
01 셀 위 댄스   10
02 골판지로 판화 찍기   11
03 노래에 맞춰 두드려봐   12
04 베개 타고 빙빙   13
05 분유 뚜껑 고리 던지기   14
06 밀가루 낙서판   15
07 아빠와 뒤뚱뒤뚱   16
08 종이컵으로 공 잡기   17
09 똑똑똑 두드려봐요   18
10 주물럭주물럭 발 마사지   19
11 방망이로 공치기   20
12 천장에 매달린 색종이   21

Part 2
13 빨대 불기   24
14 코끼리 흉내내기   25
15 모양 맞추기   26
16 어느 컵에 숨었을까?   27
17 상자 놀이   28
18 컵 모자 쓰고 걷기   29
19 신나는 트럭 운전   30
20 그림 뚜껑 맞추기   31
21 집게 놀이   32
22 훌라후프 여행   33
23 티슈 통 신발   34
24 풀로 그린 그림   35
25 요구르트 병으로 만든 산   36
26 같은 색만 밟아요   37
27 종소리 울려라   38
28 뚜껑 달린 종이 상자   39

Part 3
29 즐거운 손가락 놀이   42
30 풍선 놀이   43
31 엄마, 아빠 옷 입어보기   44
32 뚜껑 여닫기   45
33 소리나는 깡통 모빌   46
34 공 맞추기   47
35 찰흙으로 손바닥 찍기   48
36 모래 더미에서 보물찾기   49
37 낙엽으로 만든 옷   50
38 손전등 놀이   51
39 짝을 찾아라   52
40 퐁당퐁당 콩을 던져라   53
41 쌀 주고받기   54
42 음악에 맞춰 얼음 놀이   55
43 파티용 모자와 요술 지휘봉   56
44 박스로 만든 보트   57
45 길거리 만들기   58
46 TV에 나왔어요   59

Part 4

47	웃는 얼굴, 화난 얼굴	62
48	등짐지기	63
49	길 따라 가위질	64
50	밀기 놀이	65
51	안기고 숨바꼭질	66
52	빨래통에 슛 골인!!!	67
53	화장지 공 축구	68
54	나도 업을 수 있어요	69
55	깃발 쓰러뜨리기	70
56	손전등 색상 놀이	71
57	술래잡기 놀이	72
58	이마에 붙은 색종이	73
59	만져보고 알아요	74
60	풍선 배드민턴	75
61	인형과 놀아요	76
62	손거울 놀이	77

Part 5

63	쌍둥이를 찾아라	80
64	종이로 만든 징검다리	81
65	밥그릇 잠수시키기	82
66	무엇이 빠졌을까요	83
67	놀이 텐트	84
68	물에 뜨는 물건은?	85
69	줄줄이 도미노	86
70	간질간질 악수	87
71	손가락 피아노 놀이	88
72	구슬 빠뜨리기	89
73	어디에 쓰는 물건이죠?	90
74	자동차로 그린 그림	91

Part 6

75	정전기 놀이	94
76	터널 속 악수	95
77	고무줄 하프 연주	96
78	저울 놀이	97
79	뜨개질 공 감기	98
80	짝짜꿍	99
81	엄지손가락 잡기	100
82	상자 낙서판	101
83	또 생각났어요	102
84	블록 마을	103

Part 7

85	신문지 옷 만들기	106
86	벽을 향해 던져라	107
87	호루라기 길게 불기	108
88	볼링 놀이	109
89	꼬마 인디언	110
90	그림자 밟기	111
91	신문지 더미 놀이터	112
92	구슬꿰기	113

Part 8

93	가위바위보 계단놀이	116
94	젓가락 리듬 놀이	117
95	물 페인트 칠하기	118
96	사탕은 몇 개?	119
97	얼음 옮겨 담기	120
98	단풍길 산책	121
99	종이 물들이기	122
100	길고 짧은 것 대보기	123

Part 1

이렇게 놀아주세요

- 아이가 자신감을 가질 수 있도록 "잘했어요."라는 칭찬을 자주 해주어야 합니다. 놀이를 통해 얻은 자신감은 다른 발달 분야에까지 이어지기 때문입니다.

- 양육자가 도와주지 않고 혼자 노는 시간을 주세요. 그리고 작은 어려움을 혼자 해결할 수 있도록 지켜봐 주세요. 놀이를 통해 자립심을 기르고 문제 해결 능력을 기를 수 있습니다. 이때의 놀이는 우리가 살아가는 데 필요한 모든 삶의 방식들을 가르쳐 줍니다.

- 낮 동안은 신나게 놀지만, 밤에는 정해진 시간에 일찍 잠자리에 드는 습관을 길러주세요. 낮에 더 열심히 논 아이일수록 밤에 잠을 잘 잡니다. 자기 전에는 규칙적으로 클래식을 틀어 주거나 동화책을 읽어 주세요. 그래서 이때가 되면 아이도 자연스럽게 자야 할 때라는 걸 알 수 있게 해야 합니다.

- 할아버지, 할머니와 놀 기회를 자주 주세요. 아이를 가장 사랑해 줄 수 있는 분들입니다. 전화를 통해 목소리라도 자주 듣게 해주면 아이의 정서 발달에 많은 도움이 됩니다.

- 흉내내기 놀이를 통해 창의력과 두뇌를 발달시킬 수 있습니다. 아이들은 모방을 통해 세상의 모든 것을 배워나갑니다.

셀 위 댄스

표준보육과정영역
- 신체운동
- 사회관계

음악에 맞추어 즐거움을 표현해보고 양육자와 애착 형성에 도움을 줍니다.

1. 클래식 음악을 틀어 놓고 신나는 춤을 추세요.
2. 아이의 손을 잡고 음악에 맞춰 방안을 돌아다니세요.
3. 걷지 못하는 아이는 안고 추세요.
4. 마치 영화 속의 무도회장에 온 듯한 분위기를 내주세요.

놀 줄 모르는 요즘 아이들은 누구 책임일까요?

요즘 아이들의 놀 줄 모르는 현상은 어디에서 비롯되었을까요? 요즘 아이들이 옛날 아이들과 다르기 때문일까요? 아닙니다. 바로 요즘 어른들이 옛날 어른들과 다르기 때문입니다. 옛날 어른들은 아이들을 밖에서 마음껏 놀게 했습니다. 아이들이 재밌게 놀 수 있는 환경을 만들기 위해서는 먼저 어른들이 아이들을 놀게 할 준비가 돼야 합니다.

골판지로 판화 찍기

표준보육과정영역
- 예술경험

♣ **준비물**
골판지, 붓, 물감, 도화지

종이 재질과 모양에 따라 찍기의 재미가 달라집니다. 물감의 색도 다양하게 색칠해보는 즐거움도 느낄 수 있습니다.

1. 원하는 모양을 골판지에 그린 후 오려내세요.
2. 울퉁불퉁한 면에 붓으로 물감을 칠하세요.
3. 골판지를 도화지에 찍으면 울퉁불퉁한 모양의 판화가 찍혀요.
4. 자동차, 동물, 그리고 다른 여러 가지 그림을 찍어서 보관하세요.
5. 판화 찍기를 한 후에 이 판화를 보고 어떤 사물인지 맞춰 보는 놀이도 할 수 있어요. 울퉁불퉁해 알아보기 어려운 그림이 아이의 관찰력과 사고력을 높여줍니다.

피부 접촉의 놀라운 효과

동물들은 새끼를 핥으면서 면역성을 길러준다고 합니다. 양육자와의 피부접촉도 아이의 신체와 두뇌 발달에 많은 영향을 미칩니다. 특히 양육자의 피부가 아이의 피부에 닿은 순간 양육자의 사랑도 함께 전해져 아이의 정신건강에도 좋습니다. 이때 양육자가 아이에게 하는 말과 행동도 언어와 감각을 발달시킵니다.

노래에 맞춰 두드려봐

표준보육과정영역
- 예술경험
- 사회관계

♣ **준비물**
북채

음악에 맞춰 물건을 두드리는 동작은 팔과 다리 근육을 발달시켜 줍니다. 아이들은 물건을 두드릴 때 온몸을 흔들며 즐거워합니다.

1. 두드릴 수 있는 북채나 막대기를 손에 쥐어 주세요.
2. '반짝반짝 작은 별' 같은 노래에 맞춰서 솜이불이나 베개를 두드리게 하세요.
3. 처음에는 양육자가 북채를 든 아이 손을 잡고 두드리며 리듬을 가르쳐 주세요.
4. 다음엔 양육자는 손뼉을 치고 아기는 북을 치면서 노래하세요.
5. 양육자는 노래만 부르고 아기는 북을 치게 하세요.

베개 타고 빙빙

표준보육과정영역
- 즐거움을 주는 놀이
- 신체운동

♣ **준비물**
베개

친숙한 물건과 함께 놀이하는 즐거움이 있습니다.

1. 베개를 마치 말처럼 타고 놀아요.
2. "이랴, 이랴"하면서 앞으로 나아가게 하세요.
3. 양육자는 양육자 베개를, 아이는 아이 베개를 타고 함께 달려보세요.
4. 붙잡기 놀이와 빨리 달리기 경주를 하세요.
5. 아이와 양육자가 더 친해질 거예요.

분유 뚜껑 고리 던지기

표준보육과정영역
- 신체운동

♣ **준비물**
분유 뚜껑, 칼, 두루마리 화장지, 상자

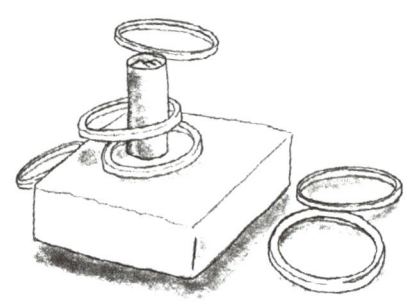

신체를 통해 고리를 걸면서 손과 눈의 협응력을 기르기 좋은 놀이입니다. 동그라미 크기 조절로 다양한 고리를 만들어보세요.

1. 분유 뚜껑의 가장자리만 남기고 안쪽을 오려 동그란 구멍을 내세요.
2. 두루마리 화장지 속으로 기둥을 만들고 상자에 끼워 기둥을 고정시키세요.
3. 분유 뚜껑 고리를 던져 기둥에 거는 놀이를 하세요.
4. 조절과 측정 능력이 향상되고 팔의 근육이 발달해요.

 돌이 지난 아이, 세상이 궁금해요

걷거나 빨라진다는 것은 보다 많은 것들과 마주친다는 의미입니다. 따라서 주위에 있는 모든 물건들이 호기심의 대상이지요. 양육자는 아이가 세상과 친해질 수 있도록 많이 보여주고, 많이 들려주고, 많이 얘기해주세요. 특히 아이와 세상을 연결시켜 주는 매개체는 바로 놀이입니다. 양육자와 놀이가 있다면 아이에게 세상은 그리 어렵거나 낯설지 않을 거예요.

밀가루 낙서판

표준보육과정영역
- 신체운동
- 예술경험

♣ **준비물**
밀가루, 쟁반

장소를 바꾸어 놀이터에 모래를 이용하셔도 좋은 놀이가 됩니다.

1. 쟁반 위에 밀가루를 골고루 뿌려주세요.

2. 손가락으로 그림을 그려보게 하세요.

3. 다시 그리고 싶으면 밀가루를 다시 펴고 그리면 되죠.

4. 가루가 날릴 수 있어요. 입으로 불지 않게 하세요.

5. 사용하지 않을 때는 천이나 랩으로 덮어두세요.

6. 아이의 상상력도 발달하고, 그리기에 재미를 붙일 수 있어요.

 내 아이 월령에 맞지 않는 놀이는?

아이마다 월령에 따른 발달 정도가 달라 놀이와 월령이 맞지 않는 경우가 있습니다. 이때는 아이가 더 자랄 때까지 기다렸다가 다시 시도해 보세요. 맞지 않는 놀이를 억지로 시키지 마세요.

아빠와 뒤뚱뒤뚱

표준보육과정영역
- 신체운동
- 사회관계

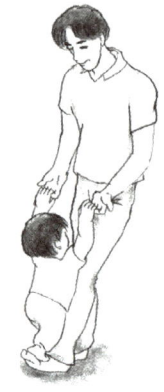

걸음마를 통해 신체 감각을 느끼며 양육자와 친숙하게 놀이하며 친해질 수 있도록 하는 놀이입니다.

1. 아이와 마주본 상태에서 손을 잡으세요.

2. 아이가 발을 아빠의 발등에 올리게 하세요.

3. 아빠가 걸을 때마다 아이도 따라 걷게 돼요.

4. 한 발, 한 발 천천히 내디디면서 방안을 돌아 다니세요.

5. "오른발, 왼발"이라는 구령에 맞춰 성큼성큼 걸어 보세요.

 아빠와 많이 놀아 본 아이가 머리도 좋아요

아이들은 엄마와 놀 시간이 많은 반면 아빠와 놀 시간은 턱없이 부족하기 쉽습니다. 하지만 엄마와의 놀이에서 얻을 수 없는 것을 아빠와의 놀이에서 얻을 수 있습니다. 실제로 아빠와 많이 논 아이들은 좌뇌와 우뇌가 골고루 발달하고 머리도 좋다는 연구결과가 있습니다. 머리 좋은 아이로 키우시려면 퇴근 후 아이와 많이 놀아주세요.

종이컵으로 공 잡기

표준보육과정영역
- 신체운동

♣ **준비물**
종이컵, 공

컵의 크기와 공의 크기를 다르게 해보거나 다양한 방법으로 놀이를 즐겁게 할 수도 있습니다.

1. 손으로 종이컵을 거꾸로 잡고 굴러가는 공을 잡는 놀이예요.
2. 양육자가 공을 천천히 아이 앞으로 굴려 주세요.
3. 아이가 공을 잡을 때마다 "잘했어요."라고 격려해 주세요.
4. 컵으로 굴러가는 공을 잡기 위해서는 섬세한 조절 능력이 필요해요.

더딘 아이에겐 더 많은 칭찬을 해주세요

나이에 비해 발달이 더딘 아이의 경우 양육자가 윽박지르면 더욱 더딘 아이가 될 뿐입니다. 양육자의 지적이 아이를 조급하게 하여 판단력과 자제력을 잃게 합니다. 더딘 아이일수록 격려와 칭찬, 기다림으로 대처하세요. 성장과 발달이 느리다 하여 양육자가 조급한 마음에 윽박지르는 것은 아이에게 상처만 줍니다. 하지만 칭찬은 아이에게 용기를 주어 성장을 촉진합니다.

똑똑똑 두드려봐요

표준보육과정영역
- 예술경험
- 의사소통

♣ **준비물**
두드리면 소리가 나는 물건, 젓가락

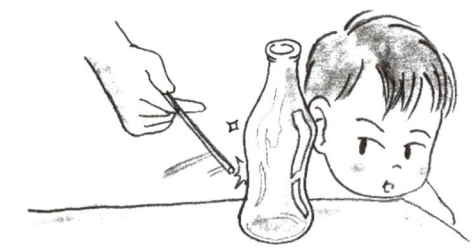

물건은 밀도와 재질에 따라 두드릴 때 다른 소리가 납니다. 어떤 소리가 나는지 시험해 보세요.

1. 나무, 쇠, 플라스틱 장난감, 병, 탁자 등을 손으로 두드려 보세요.
2. 아이가 물건에 귀를 대면 양육자가 손으로 두드려주세요.
3. 나무젓가락으로도 두드려주세요.
4. 어떤 소리가 나는지 얘기를 나누세요.

환경에 따라 변하는 IQ

IQ는 유전적인 영향 외에도 환경적인 영향에 따라 수시로 변한다는 연구결과가 있습니다. 사회적, 교육적으로 좋은 환경에서 자란 아이는 지속해서 IQ가 좋아져 일정 시기까지 상승곡선을 그린다는 것입니다. 하지만 이런 요인이 사라지면 다시 IQ가 낮아질 수 있으므로 끊임없는 관심이 필요합니다.

주물럭주물럭 발 마사지

표준보육과정영역
- 신체운동

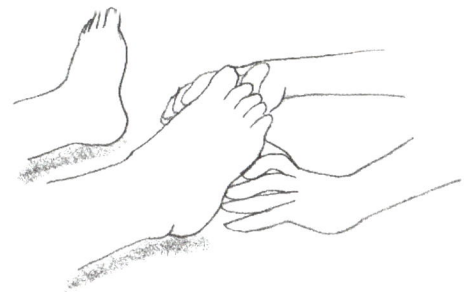

발 마사지는 발의 감각 기관을 자극하여 두뇌를 발달시키고, 신체를 건강하게 해 줍니다. 양육자가 집에서 간단히 아이의 발을 마사지해주세요.

1. 발을 씻거나 목욕을 마치고 발 마사지를 시작하세요.

2. 먼저 온몸을 손으로 풀어 주세요. 꼭 쥐었다 놓으면 돼요.

3. 베이비 오일을 바른 후 엄지손가락으로 발바닥을 지그시 눌러주세요.

4. 천천히 꾹꾹 눌러 주세요.

5. 마사지 후엔 따뜻한 물이나 우유를 한 컵 마시게 하세요.

방망이로 공치기

표준보육과정영역
- 신체운동

♣ **준비물**
종이 방망이, 공

방망이로 공을 쳐보는 신체놀이는 아이의 감각과 인지능력을 길러주는 즐거운 놀이입니다.

1. 종이 방망이로 바닥에 놓인 공을 쳐보게 하세요.

2. 양육자가 던져주는 공을 방망이로 맞추게 해보세요.

3. 이 놀이는 공간감각을 발달시키고 손으로 도구를 사용하는 능력을 키워줍니다.

손과 눈이 함께 움직이는 놀이로 두뇌개발

손과 눈이 함께 움직이는 놀이는 곧바로 대뇌세포에 영향을 주어 태동기에 있는 신경세포의 활동을 촉진시키고, 서로 연결이 잘 되도록 합니다. 따라서 손을 많이 움직이는 놀이야말로 두뇌발달에 좋은 놀이지요. 아이가 손을 더 많이 움직이도록 언제나 신경 써주세요. 예를 들어 음식을 먹을 때도 위생을 걱정하기보다는 손으로 먹게 하는 데 관심을 두세요.

천장에 매달린 색종이

표준보육과정영역
- 신체운동
- 예술경험

♣ **준비물**
색종이, 가위, 실, 테이프

천장에서 모빌의 움직임을 통해 즐거움을 느끼고 다양한 모양을 교체해 줄 수도 있습니다.

1. 색종이에 바다에 사는 물고기, 땅에 사는 동물, 하늘을 나는 새 등을 그린 후 오려내세요.

2. 실로 하나씩 연결하여 천장에 붙이세요. 테이프나 압정을 이용하세요.

3. 천장에 달린 색종이를 '후' 불어 보세요. 동물들이 빙글빙글 돌기도 하고 좌우로 춤을 출 거예요.

4. 양육자가 아이를 들어 만져보게 하세요.

5. 손끝으로 톡톡 쳐보게 하세요.

 이렇게 놀 수도 있어요

★ 솜뭉치나 크리스마스 트리 장식을 함께 붙여주세요.
★ 해, 달, 별도 붙일 수 있어요.

Part 2

이렇게 놀아주세요

- 언어발달을 돕기 위해 아이의 목소리를 녹음한 후 자신이 직접 들어보게 하세요. 양육자가 함께 들으며 잘못을 교정해 주면 언어발달이 훨씬 빠르고 쉬워집니다.

- 아이의 지적 호기심과 탐구력이 증가할 시기이므로 아이의 질문에 정확한 대답을 해주세요. 아이의 의도를 파악하고 원하는 대답을 해주는 것은 양육자의 의무이겠지요.

- 더 많은 놀이를 함께 즐기세요. 만들기나 꽃 가꾸기, 모래 위에 그림 그리기 등 창의력과 두뇌를 발달시켜 줄 수 있는 놀이를 해보세요. 하지만 뭔가를 학습한다는 느낌보다는 놀이로써 재미있게 할 수 있어야 합니다.

- 책을 읽어 주어 세상을 간접 경험하게 해주세요. 책 속에는 교훈과 아이의 친구들이 있고, 다양한 색상의 그림, 언어, 상황들이 꿈처럼 떠다닙니다.

- 아이와 교감할 수 있는 놀이를 하세요. 일방적으로 가르치지만 말고 묻고 답하면서 스스로 터득하도록 해주세요. 아이가 양육자 말을 이해할까 걱정하지 말고 양육자가 해줄 수 있는 말을 모두 해주세요. 아이들은 상상 이상의 이해력과 흡수력을 가지고 있습니다.

- 깡충깡충 뛰는 운동을 통해 전신의 뼈와 근육을 튼튼하게 해주세요.

빨대 불기

표준보육과정영역
- 신체운동

♣ **준비물**
빨대

컵 속에 담긴 물이나 다른 액체를 빨대로 불어보게 하세요. 액체의 종류와 빨대를 갖다 댄 위치에 따라 소리가 달라져요.

1. 컵에 물을 담은 후 빨대로 불어보게 하세요.

2. 빨대를 물에 얼마나 깊이 넣었느냐에 따라 소리가 달라져요.

3. 쥬스나 우유를 컵에 담은 후 불어보게 하세요. 물과 다른 소리가 날 거예요.

4. 빨대를 불면 방울이 뽀글뽀글 재밌는 모양으로 올라와요.

유리창에 스티커를 붙여 안전사고를 예방하세요

아이들은 유리를 잘 알아보지 못할 때가 있습니다. 뛰어놀다가 창문이 닫힌 줄 모르고 유리에 심하게 부딪힐 수 있죠. 이때 잘못하면 대형사고로 이어질 수 있으므로 유리에 스티커를 붙여 유리가 있다는 사실을 알 수 있게 해주세요.

코끼리 흉내내기

표준보육과정영역
- 신체운동
- 사회관계
- 의사소통

코끼리 코 하며 노래도 불러보고 과자도 집어보고 물건도 집어보는 협응력을 길러 주는 놀이입니다.

1. 한쪽 손은 코를 잡고 팔 사이로 다른 팔을 집어넣어 코끼리 모양을 만드세요.

2. 손으로 물건을 집거나 말할 때 손을 오므렸다 폈다 하세요.

3. 양육자도 코끼리 모양을 만든 후 손끼리 악수를 하며 "반가워요." 라고 인사하세요.

4. 코끼리 모양을 하고 방안을 돌아다니세요. 양육자 코끼리와 아기 코끼리가 정글을 여행해요.

아이를 위한 방을 만들어주세요

방 한 켠에 낮은 칸막이로 구분하여 아이 방이라 선포하고 밝은 색과 큰무늬로 내부를 꾸며주세요. 2세 전의 아이라면 무리 없이 자신의 방으로 받아들일 거예요.

모양 맞추기

표준보육과정영역
- 자연탐구
- 예술경험

♣ **준비물**
박스 조각, 칼

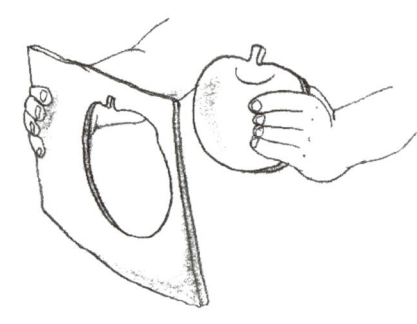

모양 맞추기는 아이의 도형감각을 키워줍니다.

1. 두꺼운 박스 한 면을 준비하세요.

2. 네모, 세모, 동그라미 또는 동물 모양, 꽃 모양을 오려내세요.

3. 오려낸 박스 조각을 다시 끼우게 하세요.

4. 아이는 자신이 든 모양과 똑같은 모양을 박스에서 찾을 거예요.

 목욕할 때 아이의 귀에 물이 들어가면...
손으로 후비거나 면봉을 넣지 말고 그대로 말리세요. 물이 들어가면 귀의 살이 불어 약해져 있으므로 상처가 나고 염증이 생기기 쉽습니다. 시간이 지나면 마르거나 빠지므로 그대로 두는 게 좋습니다.

어느 컵에 숨었을까?

16

표준보육과정영역
- 자연탐구
- 신체운동

♣ **준비물**
색종이, 가위, 실, 테이프

까꿍 놀이는 아이들이 제일 좋아하는 놀이입니다. 정답을 맞히는 것보다 즐거움을 주는 놀이로 반복해서 놀이하세요.

1. 안이 보이는 유리컵 세 개를 탁자 위에 엎어놓으세요.
2. 그 중 하나의 컵에 빨간색 공을 넣으세요. 그리고 아이가 보는 앞에서 컵의 위치를 바꾸세요.
3. "어느 컵 속에 빨간 공이 있을까요?"라고 물어보세요. 안이 보이므로 아이는 금방 공이 어디 있는지 알 수 있어요.
4. 공이 든 컵을 만진 아이에게 "잘했어요."라고 칭찬해주세요.
5. 이번엔 속이 안 보이는 컵으로 숨기기 놀이를 하세요.
6. 안이 안 보이는 컵의 경우 계속해서 잘못 택하면 아이가 의욕을 잃을 수 있으므로, 공이 들어 있는 컵을 아이 쪽으로 조금 밀어 놓거나, 스티커 같은 것으로 표시를 해주세요.

상자 놀이

표준보육과정영역
- 신체운동
- 자연탐구

♣ **준비물**
여러 개의 상자

한 면만 막히지 않은 상자를 여러 개 만들어 주세요. 서로 크기가 다르면 좋습니다.

1. 여러 개의 상자를 아이 앞에 두면 아이는 상자를 이리저리 훑어보거나 머리에 쓰며 놀지요.
2. 상자를 뒤집거나, 쌓아 올리도록 도와주세요.
3. 아이는 작은 상자를 큰 상자에 넣어볼 거예요.
4. 주위에 물건을 놓으면 아이는 물건을 상자에 넣다 뺐다 하며 놀 거예요.
5. 이 놀이를 통해 두뇌가 발달하고 눈에 보이는 것과 보이지 않는 것의 상호관계를 이해합니다.

컵 모자 쓰고 걷기

표준보육과정영역
• 신체운동

♣ **준비물**
종이컵

이제 제법 잘 걷기 시작한 아이가 이 놀이를 통해 몸의 중심을 더 잘 잡도록 해주세요.

1. 머리에 종이컵을 쓰고 걸어보게 하세요.

2. 중심을 잡지 않으면 컵이 바닥으로 떨어져요.

3. 컵을 쓰고 방안을 돌아다니며 균형 감각을 익히도록 하세요.

4. 컵을 떨어뜨리지 않고 걸어가 양육자에게 안기게 하세요.

아이가 개에게 물렸을 때 대처법

먼저 흐르는 물에 물린 상처를 깨끗이 씻은 다음 소독약을 발라주세요. 주인을 아는 개에게 물렸다면 광견병 예방 주사를 맞은 개인지 반드시 확인하고, 주인을 알 수 없을 경우 상처가 아무리 가벼워도 외과나 소아청소년과에서 진찰을 받아봐야 합니다.

신나는 트럭 운전

표준보육과정영역
- 신체운동
- 의사소통

♣ **준비물**
장난감 트럭,
과일 그림카드

밥을 잘 먹지 않는 아이에게 식욕을 돋궈주는 놀이에요.

1. 거실의 가구에 과일 모양의 그림들을 붙이세요.
2. 부엌에서 아이가 먹을 밥과 반찬을 트럭에 실으세요.
3. "자, 우리 소풍가자. 거실에 과수원이 있네요. 과일을 따러 가요." 라고 말하세요.
4. 밥과 반찬을 실은 트럭이 거실을 향해 출발해요. 자동차 가는 소리를 내주세요.
5. 거실에 도착해 과일을 딴 후 "이제 식사시간이에요."라고 말하세요.
6. 아이는 소풍 온 기분으로 밥을 먹을 거예요.

그림 뚜껑 맞추기

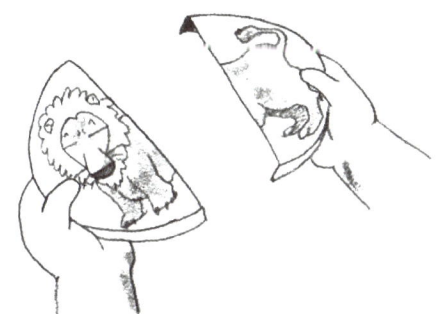

표준보육과정영역
- 자연탐구
- 예술경험

♣ **준비물**
분유통 뚜껑, 색종이,
풀, 가위

분유통 뚜껑에 색종이로 만든 그림을 붙여 폐품을 이용한 그림 카드를 만드세요.

1. 색종이 뒷면에 그림을 그린 후 오려내세요.
2. 오려낸 그림을 분유통 뚜껑에 붙이세요.
3. 가위를 이용해 뚜껑을 반으로 자르세요.
4. 색종이에 그린 그림이 반으로 잘려 어떤 그림인지 구별하기 힘들어져요.
5. 색종이의 그림을 보면서 맞는 짝을 찾아보게 하세요.
6. 짝을 찾으면서 사물의 특징을 이해하는 놀이에요.

 **이렇게 놀 수도 있어요**

★ 알파벳이나 한글, 숫자도 붙여보세요.

집게 놀이

표준보육과정영역
- 신체운동
- 자연탐구

♣ **준비물**
여러 가지 집게

젓가락을 사용하기 전에 집게로 물건을 집어보면서 손놀림을 익힐 수 있게 해주세요.

1. 집게로 쌀, 콩, 잘게 썬 오이 등을 집어보게 하세요.

2. 손수건을 집게로 잡아 흔들게 하세요.

3. 아이가 손수건을 집고 있으면 양육자가 잡아당겨 버티기 놀이를 해보세요.

4. 이 놀이는 손의 소근육을 발달시키고 집중력을 키워주는 효과가 있습니다.

 이렇게 놀 수도 있어요

★ 그릇을 준비하여 이쪽 그릇에서 저쪽 그릇으로 물건을 옮겨 보게 하세요.

훌라후프 여행

표준보육과정영역
- 신체운동
- 의사소통

♣ **준비물**
훌라후프

아이가 훌라후프를 돌릴 수 없지만 다른 다양한 놀이에 이용할 수 있습니다.

1. 훌라후프를 굴려 보게 하세요.

2. "앞으로 가세요.", "뒤로 가세요.", "오른쪽으로, 왼쪽으로."와 같이 방향 틀기를 해보세요.

3. "산 위로 올라가요.", "강을 건너요.", "버스가 와요, 길을 비키세요.", "앞에 아기가 걷고 있어요."와 같이 특수한 상황을 양육자가 말해주세요. 아이는 상황에 맞게 대처하려고 할 거예요.

4. 아이가 상황을 잘 이해하지 못하면 어떻게 행동해야 하는지 말해주세요.

 이렇게 놀 수도 있어요

★ 훌라후프를 잡고 버스 운전대를 잡은 것처럼 흉내내게 해보세요.

티슈 통 신발

표준보육과정영역
- 신체운동
- 자연탐구

♣ **준비물**
티슈 통

티슈 통 앞에 여러 가지 장애물은 피해 주세요. 넘어질 수도 있으니 안전에 주의해주세요.

1. 양발을 티슈 통에 집어넣게 하세요. 재밌는 사각형의 신발이 돼요.

2. 발을 다칠 염려가 있으므로 발목까지 내려오는 옷을 입히고 양말을 신게 하세요. 또는 발이 들어가는 입구를 넓게 오려내어 티슈통을 끌며 걸어가게 하세요.

3. 티슈 통 신발을 신고 방안을 엉금엉금 걸어보게 하세요.

4. 스케이트를 타듯 발을 바닥에 끌면서 걸어보게 하세요.

5. 장애물로 베개를 두고 넘어보게 하세요.

풀로 그린 그림

표준보육과정영역

• 예술경험

♣ **준비물**
도화지, 연필,
풀, 색종이

다양한 색깔로 아이들의 감각을 자극해 주세요.

1. 도화지에 스케치를 한 후 스케치한 그림을 따라 풀을 칠하세요.

2. 색종이를 최대한 잘게 오려 색종이 가루를 만드세요.

3. 그리고 여러 가지 색깔의 색종이 가루를 크레파스 대신 뿌린 후 툭툭 털면 그림이 완성돼요.

4. 머리를 그리고 싶으면 머리 부분에 풀을 칠한 후 검은색 색종이를 수북이 뿌리세요. 그리고 도화지를 털면 머리가 완성되죠.

5. 아이도 풀을 칠하고 색종이를 뿌리게 하면서 풀 그림을 만들어 보세요.

요구르트 병으로 만든 산

표준보육과정영역
- 자연탐구

♣ **준비물**
요구르트 병, 우유팩

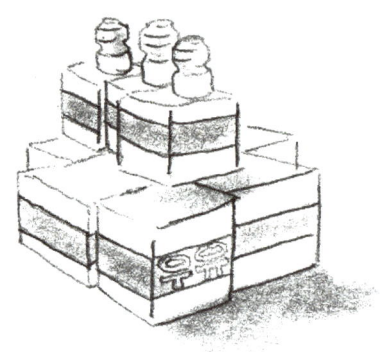

블록 놀이의 일종이에요. 피라미드 모양의 멋진 산을 만들어 보세요.

1. 우유팩 윗부분을 꾹 눌러 평평하게 만든 후 여러 개를 바닥에 다닥다닥 붙여 놓으세요.

2. 맨 아래 우유팩들은 가장자리를 빙 둘러 테이프로 붙여 서로 떨어지지 않도록 고정하세요.

3. 우유팩을 쌓아 올리다가 윗부분은 요구르트 병으로 쌓으세요.

4. 우유와 요구르트 병 더미가 만들어질 거예요.

5. 조금만 실수해도 무너지니까 아이는 조심조심 쌓으려 할 거예요. 실수를 해도 다시 해보라고 격려해 주세요.

6. 맨 윗부분엔 아이 사진이나 종이 깃발을 꽂으세요.

같은 색만 밟아요

표준보육과정영역
- 자연탐구
- 신체운동

♣ **준비물**
색종이

색의 구별을 도울 수 있는 놀이로 인지 능력과 감각을 길러주는 놀이입니다.

1. 여러 가지 색의 색종이를 바닥에 붙이세요.

2. 양육자가 "빨간색."이라고 말하면 빨간색만 밟고 다니게 하세요.

3. 아이가 발만 떼면 밟을 수 있는 가까운 위치에 색종이를 놓으세요. 여러 가지 색을 번갈아 가며 밟다 보면 색에 대한 이해가 빨라져요.

4. 재미도 있고 아이의 두뇌발달에도 좋은 놀이에요.

놀잇감 선택 기준 - 안전성

아이들은 흔히 놀잇감을 입으로 가져가기 때문에 아이 입에 상처를 주지 않아야 하고, 입에 물어도 몸에 해가 없는 것이어야 합니다. 유해한 물질로 만들어진 놀잇감은 아닌지, 모서리나 뾰족한 부분이 없는지 살펴보세요.

종소리 울려라

표준보육과정영역
- 예술경험
- 의사소통

♣ **준비물**
종 두 쌍

소리가 청명한 종은 아이의 귀에 신선한 자극을 줍니다.

1. 양육자와 아이가 양손에 종을 하나씩 드세요.
2. "종이 울려요. 높은 곳에서."라고 말하면서 종을 위에서 흔드세요.
3. "종이 울려요. 낮은 곳에서."라고 말하면서 아래에서 흔드세요.
4. 팔을 벌리며 옆에서, 팔을 돌려 등 뒤에서도 흔드세요.

 이렇게 놀 수도 있어요

★ 노래를 부르며 종을 울리세요.

뚜껑 달린 종이 상자

표준보육과정영역
- 자연탐구

♣ 준비물
여러 개의 상자

다양한 소리를 구분해보고 상자에 무엇이 들어 있는지에 대한 인지 능력을 길러줄 수 있습니다.

1. 신발상자처럼 직육면체의 뚜껑이 달린 상자 안에 흔들면 소리가 나는 물건을 넣으세요.
2. 아이는 이 상자를 가지고 놀면서 흔들어 보고, 뚜껑도 열어볼 거예요.
3. 상자 안에서 나는 소리가 아이의 호기심을 자극합니다.
4. 상자 안에는 동전, 숟가락, 인형, 볼펜 등 각각 소리나 무게가 다른 물건들을 번갈아 넣어 주세요.

육아 속담

부모가 착해야 효자 난다. (북한)
자식들에 대한 교양에서 양육자의 실천적 모범이 중요함을 이르고 있다.

Part 3

이렇게 놀아주세요

- TV를 보며 놀 수 있어요. TV 시청 시간을 정하여 이때만 시청하도록 해주세요. 아이에게 꼭 필요한 프로그램을 중심으로 시청하고 양육자가 함께 보면서 상황을 설명해주고, 아이와 대화를 나누세요. TV 시청은 시간 때우기가 아니라 좋은 교육 시간입니다.

- 아이의 놀이를 방해하지 마세요. 아이의 두뇌와 신체가 가장 획기적으로 발달하는 시간입니다. 양육자의 필요에 따라 아이가 옮겨 다녀야 한다면 그만큼 놀이에서 얻을 수 있는 효과도 줄어듭니다. 예를 들어 손님이 왔다면 무조건 아이의 놀이를 중지하지 말고 놀이가 끝날 때까지 기다려 주세요. 놀이가 어느 정도 끝나면 아이의 의사를 존중하여 장소를 옮길 수 있습니다. 손님과 함께 놀 시간을 주면 더 좋겠죠.

- 동물과 친구가 될 수 있습니다. 동물에게 해를 끼치지 않으면서 사이좋게 지내도록 도와주세요. 동물을 쓰다듬거나 안아주면 좋아한다는 사실을 말해 주세요. 사회성의 기초를 닦을 수 있습니다.

- 한 손에 든 장난감을 다른 손에 든 통에 집어넣는 놀이를 하세요. 통속에 물건 넣기는 아이의 두뇌 발달에 많은 영향을 미치고 사고력의 전환을 가져다 줍니다.

즐거운 손가락 놀이

표준보육과정영역

- 신체운동

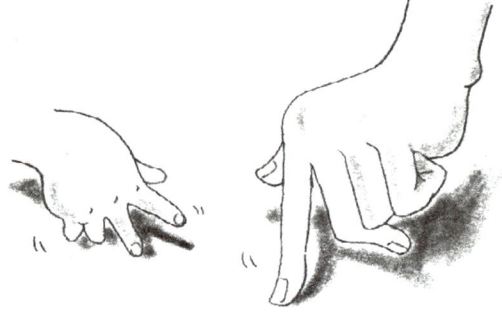

손의 각 부위가 온몸과 연결되어 있다는 것은 널리 알려진 사실입니다. 손가락 놀이는 손의 근육을 발달시켜 줄뿐만 아니라, 온몸의 혈액 순환을 원활하게 하고, 두뇌개발에도 도움이 됩니다.

1. 쌀보리 놀이를 하세요.

2. 가위, 바위, 보 놀이를 하세요.

3. 손가락으로 사람이 걸어가는 흉내를 내세요.

4. 밤에는 전등을 켜놓고 그림자 놀이를 하세요. 양육자가 먼저 재밌는 모양을 만들어주세요. 벽에 비친 그림자를 보며 아이는 신나게 손가락을 이리저리 움직여 볼 거예요.

5. 양육자와 아이가 손바닥을 맞대고 서로 밀기 놀이를 하세요.

풍선 놀이

표준보육과정영역
- 신체운동
- 자연탐구

♣ **준비물**
풍선

바람, 공기와 같이 눈에 보이지 않는 것을 이용한 놀이로 즐거움을 함께해 볼 수 있는 놀이입니다.

1. 풍선을 불어 아이에게 주면서 입구를 잡고 높이 들게 하세요.

2. 손을 놓으면 풍선이 춤을 추며 사방으로 날아가요.

3. 풍선을 쫓아 뛰어 다니게 하세요.

4. 풍선이 날아가는 모양을 흉내내도 재미있어요.

지식 교육보다는 오감을 통한 정서 교육에 치중을...

아직 나이가 어린 아이의 경우 지식 교육보다는 오감을 통한 정서적인 교육에 치중할 필요가 있습니다. 지식은 금방 사라지지만 오감으로 배운 정서적인 교육은 평생동안 유지됩니다. 이 시기 아이에게 필요한 것은 한개의 낱말이 아니라 따뜻한 마음과 지혜입니다.

엄마, 아빠 옷 입어보기

표준보육과정영역
- 예술경험

♣ **준비물**
엄마, 아빠 옷

어른이 되고 싶은 아이들의 마음을 옷을 통해 느껴보고 즐거워해 보는 놀이입니다.

1. 아빠의 양복을 입어보게 하세요.
2. 엄마의 모자를 써보게 하세요.
3. 구두와 양말을 신어보게 하세요.
4. 옷을 입고 방안을 돌아다니며 엄마와 아빠 흉내를 내보게 하세요.
5. 부대를 뒤집어 쓴 듯한 아이의 모습이 아주 우스꽝스러울 거예요.

🌸 아이를 나무라기 전에 양육자가 먼저 안정을 찾으세요

아이가 잘못했을 때 이성을 잃는 양육자가 의외로 많이 있습니다. 이때는 아무리 아이가 큰 잘못을 했더라도 아이 눈에 양육자는 비합리적으로 보입니다. 아이를 야단칠 때는 양육자가 먼저 이성을 잃지 않도록 안정을 취하세요. 그리고 마음이 가라앉은 후 차근차근 타이르세요. 안정을 취하지 않은 상태에서의 야단은 비난이지만, 안정을 취하면 충고입니다.

뚜껑 여닫기

표준보육과정영역
- 신체운동
- 자연탐구

♣ **준비물**
병, 쌀이나 콩

뚜껑이 있는 병을 아이에게 주면 아이는 열었다 닫았다 하면서 한참을 놉니다. 여러 가지 모양의 뚜껑 달린 병을 가지고 놀게 하세요. 두뇌개발에도 좋아요.

1. 돌리는 뚜껑, '퐁'하고 빠지는 뚜껑, 가볍게 덮는 뚜껑, 병 따게로 따는 뚜껑 등을 병과 함께 놓아주세요.

2. 뚜껑과 맞는 병을 찾으며 놀 거예요.

3. 병 속에 넣을 수 있는 쌀이나 콩을 주위에 놓아주면 병 안에 넣고 흔들며 놀 거예요.

소리나는 깡통 모빌

표준보육과정영역
- 예술경험

♣ **준비물**
나무젓가락,
실, 깡통

바람만 불어도, 살짝 건드리기만 해도 찰랑거리는 소리를 내는 모빌은 아이의 청각을 자극하고, 사물의 움직임을 주의 깊게 관찰하도록 해줍니다.

1. 나무젓가락을 서너 개 묶어 떨어지지 않게 한 후 양쪽에 실을 연결하여 천장에 매달 수 있도록 만드세요.

2. 깡통이나 요구르트 병에 구멍을 뚫어 실로 묶은 후 나무젓가락과 연결하세요.

3. 여러 개의 깡통을 연결한 후 천장에 매달면 움직이면서 부딪치는 소리가 나요.

4. 아이가 살짝 건드려보게 하세요.

공 맞추기

표준보육과정영역
- 신체운동

♣ **준비물**
공 2개

공을 바닥에 놓은 후 다른 공으로 맞추는 놀이예요. 처음에는 공의 방향이 엉뚱한 곳으로 향할 거예요. 힘 조절 방법도 가르쳐 주세요.

1. 데굴데굴 굴러간 공이 바닥에 있는 공과 부딪히면 아이와 함께 즐거워 해주세요.

2. 양육자와 아이가 마주보고 동시에 공을 던져 공이 서로 부딪치게 해보세요.

 아이와의 약속은 메모하여 기억하세요

아이와의 약속은 잊어버리기 쉽고, 무시하기 쉬워요. 하지만 아이는 양육자와의 사소한 약속도 기억할 때가 많아요. 아이는 약속을 손꼽아 기다렸을 수도 있어요. 양육자가 이 약속을 너무 쉽게 잊어버리면 아이는 상처를 받아요. 약속을 쉽게 하는 것도 문제지만 지키지 않는 것은 더 큰 문제예요. 아이와 어떤 약속을 했는지 메모하는 습관을 들이세요.

35 찰흙으로 손바닥 찍기

표준보육과정영역
- 예술경험

♣ **준비물**
찰흙

이 놀이는 아이가 자신의 존재감을 확인하는 데 도움을 줍니다. 또한 아이가 커서도 어렸을 적 이야기를 할 수 있는 기념품이 됩니다.

1. 손바닥을 탁본할 수 있게 찰흙을 반죽해 놓으세요.
2. 손바닥을 찰흙 위에 올려놓고 충분히 꾹꾹 눌러주세요.
3. 손을 떼면 손바닥 모양이 새겨졌을 거예요.
4. 아래쪽에 날짜를 적은 후 그늘에 말리세요.
5. 손바닥 탁본은 1년에 한 번씩 만들어서 보관할 수 있어요.

아이와 함께 TV 보는 법

아이 혼자 TV를 보고 양육자는 집안 일을 하는 것보다는 함께 보아야 교육 효과가 높습니다. 시청 시간은 1회에 30분을 넘지 않도록 하고, 하루 2시간 이상 보지 않게 하세요. TV를 본 후엔 움츠렸던 몸을 움직일 수 있는 놀이를 하게 하세요. 한 가지 분야의 TV만 보는 것보다는 다양한 장르를 보게 하고, 다 본 후엔 양육자가 아이와 함께 내용에 대해 대화하는 시간을 가지세요.

모래 더미에서 보물찾기

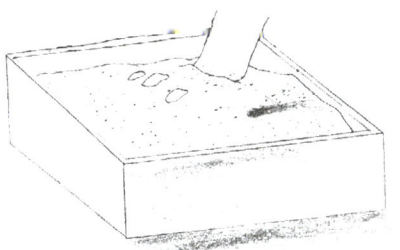

표준보육과정영역
- 자연탐구

♣ **준비물**
　모래

아이들이 좋아하는 모래 놀이는 손의 감각을 길러 주고 집중력을 높여 줍니다.

1. 모래 속에 여러 가지 물건을 숨겨 놓으세요. 작은 구슬이나 단추, 동전 등을 이용하세요.

2. 모래 더미에 손을 넣어 찾아보게 하세요.

3. 물건을 찾은 후 빼내기 전에 어떤 물건인지 먼저 말해보게 하세요.

친구를 잘 사귀는 아이의 특징

친구를 잘 사귀는 아이의 경우 다른 아이와 같이 할 수 있는 놀이를 택한다고 합니다. 자신을 다른 사람에게 맞추는 능력이 있는 것이지요. 특히 다른 아이의 놀이를 비난하지 않고 갑자기 끼어 들기 보다는 서서히 다가가 자연스럽게 놀이에 동참한다고 합니다.

낙엽으로 만든 옷

표준보육과정영역
- 예술경험

♣ **준비물**
낙엽, 실, 테이프

자연물을 이용해서 여러 가지를 만들어보면서 자연을 느껴봅니다.

1. 실에 낙엽을 매달아 아담과 이브가 입었던 옷을 만들어주세요.

2. 실과 낙엽은 테이프로 간단히 붙일 수 있어요.

3. 낙엽으로 발찌와 팔찌, 왕관을 만들어주세요.

4. 낙엽 옷을 입고 걸어가면 "사각, 사각" 소리가 나요.

 이렇게 놀 수도 있어요

★ 낙엽 옷을 입은 후 막대기를 들면 원시인이 되죠. 이 모습을 사진으로 남겨주세요.

손전등 놀이

표준보육과정영역
- 자연탐구

♣ **준비물**
손전등

어둠 속에서 빛을 발하는 손전등은 아이에게 아주 흥미로운 놀잇감입니다.

1. 어두운 거실에서 아이가 손전등으로 사물을 비춰보게 하세요.

2. 손전등을 돌려 원을 그리게 하세요.

3. 양육자 얼굴을 비춰보게 하세요.

4. 양육자가 말한 사물을 비춰보게 하세요.

5. 평소에는 어두워서 보이지 않던 공간을 비춰보게 하세요.

6. 손전등을 턱 아래에서 얼굴 위로 비춰 귀신놀이를 할 수도 있어요.

짝을 찾아라

표준보육과정영역
- 자연탐구

♣ **준비물**
색종이

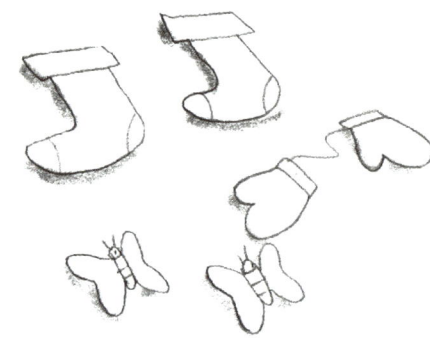

짝맞추기는 간단하면서도 여러 가지 방법으로 놀 수 있는 놀이입니다.

1. 양말이나 벙어리 장갑 등의 모양으로 색종이를 오리세요.

2. 서로의 짝을 찾아보게 하세요. 모양과 색상에 따라 짝을 찾으면 되지요.

3. 벙어리 장갑은 짝을 찾은 후 실로 연결해 보세요.

 이렇게 놀 수도 있어요
★ 병 뚜껑들의 짝을 찾아 보게 하세요.
★ 블록에서 하나를 뺀 후 제자리가 어디일까 아이가 다시 끼워 보게 하세요.

퐁당퐁당 콩을 던져라

표준보육과정영역
- 신체운동
- 자연탐구

♣ **준비물**
콩

혼자 아이를 두지 않도록 주의하고, 겨울철에는 온도 조절을 해야 하므로 수시로 온도 체크를 해주세요.

1. 탕 안에서 움직이지 말고 30초만 기다려보세요.
2. 물 표면이 잠잠해진 후 손을 천천히 들어 콩을 하나 퐁당 던지세요.
3. 콩을 던진 곳으로부터 동심원이 퍼져 나가요.
4. 아이의 몸에도 닿고, 엄마 몸에도 닿고, 욕조 테두리에도 닿아요.
5. 동심원이 아이 몸에 닿을 때마다 "하나, 둘, 셋"하고 수를 세어주세요.
6. 동심원이 다가가 "안녕!"하고 인사한다고 말해주세요.
7. 아이는 동심원이 자신의 몸에 닿을 때마다 신기해할 거예요.

쌀 주고받기

표준보육과정영역
- 신체운동
- 사회관계

♣ **준비물**
쌀

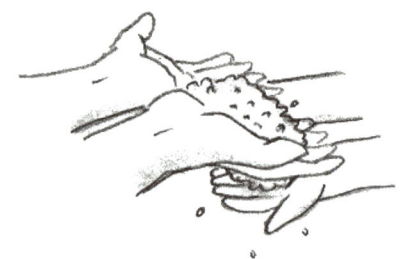

매일 먹는 친숙한 쌀을 통해 놀이를 할 수 있다는 것을 알려주세요.

1. 손에 쌀을 가득 담아 아이 손에 조금씩 부어주세요.

2. 아이도 양손을 모은 상태로 양육자가 주는 쌀을 받아요.

3. 아이가 다시 양육자에게 쌀을 부어주게 하세요.

4. 최대한 적게 흘리도록 하면서 붓기 놀이를 하세요.

5. 이 놀이를 통해 손놀림이 더욱 정밀해지고 소근육을 발달시킬 수 있어요.

6. 아이가 나의 것을 주고 상대방 것을 받는 경험도 하게 되죠.

음악에 맞춰 얼음 놀이

표준보육과정영역
- 신체운동
- 예술경험

아이의 컨디션에 따라 매일 반복해 볼 수 있는 즐거운 놀이입니다. 볼륨 소리를 조절해 주변 소리에 관심을 갖도록 해봅니다.

1. 음악을 들으면서 신나게 춤을 춰요.
2. 양육자가 볼륨을 갑자기 낮추면 동작을 멈추게 하세요.
3. 다시 볼륨을 높이면 계속 춤을 춰요.
4. 볼륨을 낮춘 상태에서 서로의 얼굴을 쳐다보세요. 동작과 표정 때문에 웃음이 나올 거예요.
5. 양육자가 언제 볼륨을 다시 높일지 몰라요. 아이는 스피커의 소리에 귀를 기울여야 하지요.

때로는 아이에게 양육자가 유해한 환경일 수도...

요즘 아이들은 너무 영악하다는 말을 합니다. 몰라도 될 일을 너무 많이 알기 때문이지요. 그것은 양육자가 아이 앞에서 해서는 안 될 말을 가리지 않고 하기 때문입니다. 이때는 양육자가 유해한 환경이겠지요. 우리 아이에게 어떤 가정 환경을 만들어 주고 있는지 생각해봐야 합니다.

파티용 모자와 요술 지휘봉

표준보육과정영역
- 예술경험

♣ **준비물**
도화지, 색종이, 솜, 줄, 스티커, 풀, 테이프

1. 색상이 있는 두꺼운 도화지를 반원으로 오린 후 한쪽 면에 여러 가지 색과 모양의 색종이를 붙이세요. 리본도 달아 주세요.

2. 아이 이름을 적은 스티커를 붙여 주세요. 이제 고깔 모양으로 접어 고정시키면 파티용 모자가 완성됩니다. 꼭대기에는 솜털을 꽂아주세요. 고깔 아래 양쪽에 구멍을 뚫은 후 줄을 매달아 주세요.

3. 요술 지휘봉도 쉽게 만들 수 있어요. 도화지 두 장을 이어 붙이세요. 한쪽에 여러 가지 색과 모양의 색종이를 붙이세요.

4. 둘둘 말아 고정시키면 막대기 모양이 돼요. 한쪽에 별을 달아 주세요. 한쪽은 테이프를 붙여 손잡이로 사용하세요.

5. 모자를 쓰고 요술 지휘봉을 들면 파티 때 왕자, 공주가 될 거예요.

박스로 만든 보트

표준보육과정영역
- 신체운동

♣ **준비물**
콩

1. 자전거나 목마를 타는 것보다 박스를 탈 때 훨씬 즐거워하는 것이 바로 아이들이에요.
2. 박스 아래 면에 청 테이프를 붙여 고정시키세요.
3. 박스 양쪽에 구멍을 뚫고 포장지를 길게 둘둘 말아 끼우면 노가 완성되죠.
4. 박스 겉면을 색종이와 크레파스로 꾸미세요.
5. 작은 박스로 모자를 만들어 씌워주세요. 선원들이 쓰는 모자예요.
6. 자, 이제 항해가 시작돼요. 양육자가 밀면 아이는 노를 저어요.
7. 천천히 가다가 바람이 불어 빠른 속도로 가기도 해요.
8. 양육자는 땀을 뻘뻘 흘리지만 아이는 너무나 즐거워할 거예요.

길거리 만들기

표준보육과정영역
- 예술경험
- 사회관계

♣ **준비물**
블록, 도화지, 장난감

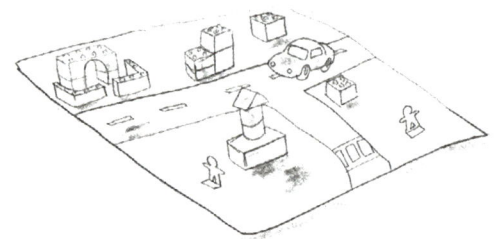

본격적으로 친구와 만남을 가지기 전에 집에서 여러 가지 장난감 친구들을 만나게 하여 사회성의 기초를 다져주세요.

1. 온 가족이 합심하여 길을 만드세요.

2. 도화지를 길게 이어 붙여 중앙선은 노란색, 차도는 흰색 색종이를 붙이세요.

3. 길가의 건물은 블록으로 만들 수 있어요.

4. 길에 장난감 자동차와 인형들을 놓으세요.

5. 아이가 자동차를 밀며 길을 가게 하세요.

6. 지나치는 자동차, 인형과 인사를 하게 하세요.

7. 반대편에서 양육자가 자동차를 밀고 오다가 아이와 마주칠 때 "안녕." 하고 인사를 나누세요.

TV에 나왔어요

표준보육과정영역
• 예술경험

♣ **준비물**
박스, 크레파스, 칼, 색종이

텔레비전에 자신이 나온다는 사실은 아이에게 얼마나 즐거운 일일까요?

1. 박스의 위아래 면을 잘라 내세요.
2. 그리고 한쪽 면에 사각형의 구멍을 뚫으세요.
3. 구멍을 뚫고 남은 부분을 텔레비전 모양으로 꾸며주세요.
4. 아이가 박스 뒤에 서면 텔레비전에 나와요. 이 모습을 사진으로 찍어주세요.
5. 엄마는 손 인형으로 텔레비전 속에서 아이와 만나세요.
6. 인사를 나누고 가상극을 꾸며 보세요.
7. 아빠가 보는 가운데 공연을 해보세요. 아이에게 아주 특별한 경험이 될 거예요.

 이렇게 놀 수도 있어요

★ 박스로 텔레비전을 만들기 힘들 경우 핸드폰으로 동영상을 촬영하여 아이의 모습을 보여주세요. 양육자의 동영상도 함께 촬영하시면 아이가 더 즐거워합니다.

Part 4

이렇게 놀아주세요

- 친구를 사귈 수 있도록 도와주세요. 영아기 아이들은 남보다는 자신이 우선이므로 처음부터 친구와 잘 지내는 건 무리입니다. 양육자가 먼저 아이와 친구가 되면서 우리 아이가 사교성이 충분한지 그렇지 않은지 파악하고 한 친구부터 사귀게 해주세요.

- 놀이터에 자주 놀러 가세요. 친구들과 모래 장난을 하면서 자연스럽게 친해질 수 있습니다. 가급적 양육자는 멀리 떨어져 지켜만 봐주세요.

- 이젠 낱말을 이어 붙여 문장을 만들 수 있습니다. 질문과 대답을 통해 말을 보다 빨리 배울 수 있죠. 아이 앞에서 양육자가 어떤 말이든 많이 해주면 아이는 자연스럽게 언어 감각이 발달합니다.

- 식사시간을 놀이의 연장으로 이용하세요. 오늘 있었던 일을 서로 이야기하고 반찬에 대해 여러 가지 대화를 나눌 수 있어요. 밥을 먹으며 온 가족이 모여 즐겁게 얘기하는 시간은 아이에게 하루 중 가장 소중한 시간일지도 모릅니다.

웃는 얼굴, 화난 얼굴

표준보육과정영역
- 사회관계

♣ **준비물**
도화지, 색연필

1. 도화지 양면에 웃는 얼굴과 화난 얼굴을 그리세요.
2. 웃는 얼굴과 화난 얼굴이 나오는 이야기를 하세요.
3. 즐거운 일이 나올 때는 웃는 얼굴을, 슬픈 일이 나올 때는 화난 얼굴을 보여 주세요.
4. 아이는 표정만으로도 이야기의 상황을 이해할 수 있어요.

놀이 중 양육자의 바람직한 태도

❶ **관찰하고 기록한다** : 놀이를 통해 아이의 재능과 약점이 나타납니다. 두 가지 모두를 유심히 지켜보세요. 잘하는 것과 못하는 것을 기록하는 습관을 들이세요.

❷ **놀이에 빠져든다** : 양육자가 놀이에 빠져들어야 합니다. 그래야 아이도 놀이에 집중할 수 있습니다. 아이와 놀 때는 다른 생각을 버리고 어떻게 하면 보다 재밌게 놀 수 있을지 궁리하세요.

등짐지기

표준보육과정영역
- 신체운동

엄마보다는 아빠와 놀 때 아이는 신이 납니다. 아빠와의 놀이는 보다 활동적이고 격렬하여 잠자고 있던 아이의 운동신경에 자극을 줍니다.

1. 아이를 등과 교차하여 업으세요.

2. 오른팔로는 아이의 겨드랑이를 왼팔로는 무릎 부위를 잡으세요.

3. 앞으로 뛰어 가거나 제자리에서 돌아 주세요.

4. 매달린 아이는 자지러질 듯 웃을 거예요.

Q. 아이가 머리 감기를 너무 싫어하는데 어쩌죠?

A. 아이를 안심시켜 주는 것이 첫째입니다. 머리를 감기며 노래를 불러주어 마음을 안정시키고 양육자가 지금 어떤 동작을 하고 있는지 자세히 설명해주세요. 예를 들어 "비누를 칠하고 있어요.", "머리를 헹구는 중이예요."라고 상황을 설명하면 아이가 안심합니다. 그리고 아이가 울지 않고 잘 참으면 아낌없는 칭찬을 해주세요.

길 따라 가위질

표준보육과정영역
- 예술경험
- 신체운동

♣ **준비물**
도화지, 펜, 가위

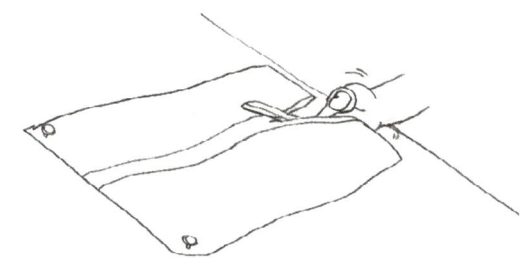

1. 종이 위에 폭 5cm 정도의 길을 그려주세요.

2. 처음엔 똑바로, 나중엔 꼬불꼬불 그려주세요.

3. 가위로 오리면서 길을 따라 가보게 하세요.

4. 길 밖으로 가위가 나가서는 안 되지요.

양육자의 작은 관심이 안전사고 방지

아이들의 안전사고는 밖에서 보다 집안에서 더욱 빈번하게 일어납니다. 책상에서 떨어지거나 모서리에 찍히고 욕실 바닥에 미끄러져 부러지고 큰상처가 나지요. 따라서 책상이나 세탁기 옆에는 아이가 밟고 올라갈 만한 물건을 치우고, 욕실 바닥의 비눗기를 수시로 제거하고, 미끄럼 방지 발판을 깔아야 합니다. 가구의 모서리는 헝겊이나 테이프로 덧대는 게 좋고, 베란다 난간이 너무 넓으면 줄을 연결하여 촘촘해지도록 해야 합니다. 전기 용품, 특히 다리미나 가스레인지 등은 아이 손이 닿지 않는 곳에 보관하도록 각별히 유의해야 합니다. 건전지가 들어있는 리모컨이나 아이 장난감은 테이프로 고정하여 건전지가 빠지지 않도록 하세요.

밀기 놀이

표준보육과정영역
- 신체운동

♣ **준비물**
큰 인형

친구를 밀어서는 안된다는 것을 알려주세요.

1. 아이 몸집 만한 큰 인형이나 유모차 등 무게가 어느 정도 나가는 물건을 준비하세요.

2. 아이가 두 손으로 밀게 하세요.

3. 너무 쉽게 밀리거나 쓰러져 넘어지지 않도록 양육자가 뒤에서 받쳐주세요.

4. 양팔로 밀고 다리로 버티는 과정에서 전신의 뼈와 근육이 발달합니다.

5. 곰처럼 튼튼해지는 놀이라고 말해주세요.

인형하고 숨바꼭질

표준보육과정영역
- 사회관계

♣ **준비물**
인형

1. 집에 있는 인형들을 모아놓고 숨바꼭질을 시작하세요.
2. 아이가 술래를 하고 양육자가 인형 하나를 감추세요.
3. 사라진 인형을 찾아보게 하세요.

 이렇게 놀 수도 있어요
★ '꼭꼭 숨어라 머리카락 보일라'하고 술래가 하는 말을 가르쳐 주세요.
★ 이번엔 양육자가 술래가 돼 보세요.

빨래통에 슛 골인!!

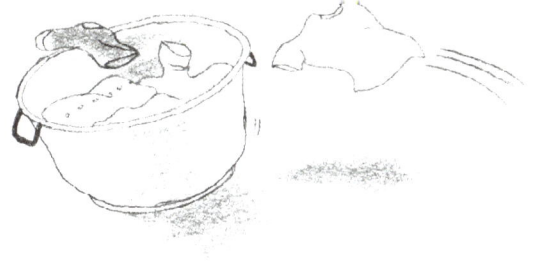

표준보육과정영역
- 신체운동

♣ **준비물**
빨랫감, 빨래통

어린이집에서는 바구니에 인형 옷을 골인시켜보는 놀이로 변형합니다.

1. 빨래통에 넣을 옷을 조금 떨어진 곳에서 던져 골인시키는 놀이에요.
2. 신나게 옷을 골인시키게 하세요.
3. 빨래가 바람에 날리면서 제멋대로 날아갈 거예요.

 이렇게 놀 수도 있어요

★ 아이는 양육자와 함께 빨래를 개는 일도 재미있어 합니다.

Q. 두 돌이 된 아이가 아직도 소변을 못가려요.

A. 일단 기저귀를 채우지 마세요. 처음 며칠 간은 아무 데나 소변을 보고 때론 자기가 눈 소변에 미끄러지기도 하면서 양육자를 난감하게 할 거예요. 하지만 시간이 지날수록 기저귀를 차지 않으려 할 겁니다. 그리고 아이가 아무 데나 소변을 보면 혼부터 내지 말고 "다음부턴 아기 변기에 쉬하세요."라고 다독거려주세요.

화장지 공 축구

표준보육과정영역
- 신체운동

♣ **준비물**
화장지, 책받침

1. 화장지를 가볍게 뭉쳐서 공처럼 만드세요.

2. 아이와 양육자가 책받침이나 부채를 하나씩 들고 바람을 일으켜 화장지 공을 움직여 보세요.

3. 화장지 공을 주고받고 해보세요.

4. 화장지에 책받침이 닿으면 안 돼요. 바람으로만 공을 움직여보세요.

 급성 복통 대처법

아이들은 잘 뛰어 놀다가도 갑자기 복통을 일으키며 자지러질 듯 땅바닥을 구르기도 합니다. 급성 복통의 가장 흔한 원인은 대변이 장에 꽉 차서 장이 늘어나 생기는 통증입니다. 아이가 복통을 호소할 때는 먼저 대변을 볼 수 있도록 관장을 해주는 게 좋습니다. 관장 후에도 통증이 계속되고, 설사나 구토 증세까지 있을 경우에는 진찰을 받아보아야 합니다.

나도 업을 수 있어요

표준보육과정영역
- 사회관계

인형을 업으면서 남을 돌보는 경험을 하게 하세요.

1. 인형을 잡아 주면서 아이가 인형을 업도록 도와주세요.

2. "곰돌이는 기분이 너무 좋아."하고 양육자가 인형의 마음을 말로 표현해 주세요.

3. 인형을 업고 방안을 돌게 하세요.

4. 거울 앞에 서서 인형을 업은 자신의 모습을 보게 해주세요.

깃발 쓰러뜨리기

표준보육과정영역
- 신체운동

♣ **준비물**
모래, 나무젓가락

1. 모래성을 쌓은 후 꼭대기에 깃발을 꽂으세요.
2. 양육자와 아이가 번갈아 가며 모래를 한 번씩 훔쳐내세요.
3. 모래성이 점점 작아지면서 깃발이 흔들리기 시작할 거예요.
4. 모래를 훔치는 도중 깃발이 넘어지면 지는 놀이에요.
5. 깃발이 넘어지지 않게 하려면 세심한 주의와 손, 팔의 힘 조절이 필요해요.

 아이 앞에서 싸우지 마세요

부주의한 양육자는 아이 앞에서 싸우는 일을 대수롭지 않게 여깁니다. 아이가 뭘 알 수 있으랴라는 안이한 생각 때문입니다. 이런 가정에서 자란 아이는 폭력적이며, 성격이 급하고, 남을 배려할 줄 모르는 이기적인 아이로 자랍니다. 싸울 일이 있을 때는 아이가 보지 않는 곳에서 하고, 화가 풀리지 않았을 때는 아이와의 대면을 가급적 피하세요. 특히 아이에게 화풀이하는 것은 절대 해서는 안됩니다.

손전등 색상 놀이

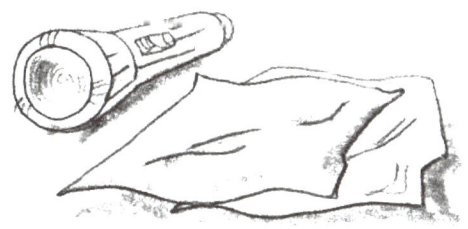

표준보육과정영역
- 지연탐구
- 예술경험

♣ **준비물**
손전등,
셀로판 종이

손전등과 여러 가지 색상의 셀로판 종이를 준비하세요. 이 놀이를 통해 시각중추와 대뇌 신경회로의 연결이 촉진됩니다.

1. 손전등에 셀로판 종이를 붙여 불을 켜면 셀로판 색으로 불빛이 나가요.
2. 방을 어둡게 한 후 셀로판 종이를 바꾸면서 비춰 보세요.
3. 색깔 이름을 말해 주고, 어떤 느낌인지 말해보게 하세요. 빨간색이 나오면 자신이 좋아하는 빨간색 옷에 대해 말할 수 있어요.

 이렇게 놀 수도 있어요

★ 셀로판 종이 두 장을 겹쳐서 비춰 보세요. 아이는 어떤 색깔이 나올지 궁금해 할 거예요.

술래잡기 놀이

표준보육과정영역
- 사회관계
- 신체운동

먼저 양육자가 시범을 보여 아이가 놀이의 요령을 알게 해주세요.

1. 손수건으로 양육자의 눈을 가리세요.

2. 아이가 박수를 치며 도망가면 양육자가 잡는 놀이에요.

3. 아이가 양육자에게 잡히면 아이가 술래가 돼요.

4. 아이의 눈을 가린 후 양육자가 역시 손뼉을 치면서 도망 다니세요.

 야단칠 때도 요령껏...

"왜 그렇게 했니?", "이건 왜 안 했니?" 보다는 "그렇게 하는 것보다는 이렇게 하는 게 더 보기가 좋아요."라고 타이르세요. 잘못된 것을 야단만 치면 아이는 양육자에 대한 반항심이 생깁니다. 그리고 양육자가 볼 때만 하는 아이가 됩니다. 근본을 바로 잡기 위해서는 잘잘못을 따지기보다는 올바른 길을 끊임없이 가르쳐 주는 편이 좋습니다. 사사건건 양육자가 판사가 되지 말고 토대만 바로 잡아주면 잘할 수 있으리라는 믿음을 가지세요.

이마에 붙은 색종이

표준보육과정영역
- 신체운동

♣ **준비물**
색종이, 가위, 테이프

1. 양육자와 아이가 이마에 각각 길게 자른 색종이를 붙이세요.
2. 색종이가 입술까지 닿게 하세요.
3. 입으로 "후"하고 바람을 불면 색종이가 날려요.
4. 양육자와 아이가 동시에 색종이를 불어 보세요.
5. 색종이가 입에 오래 닿지 않게 하는 시합을 하세요. 숨을 오래 내쉴수록 색종이는 오래 날려요.

영유아기에는 디자인보다 튼튼한 장난감이 필요해요

아이들은 장난감을 던지고 때리기 때문에 튼튼하지 않은 장난감은 오래가지 않습니다. 장난감이 부서지면서 파편이 아이를 다치게 할 수도 있습니다. 페인트칠이 벗겨져 아이가 삼킬 수 있으므로 겉면의 상태도 점검하세요.

만져보고 알아요

표준보육과정영역
- 자연탐구

♣ **준비물**
박스, 장난감

상자가 없으면 바구니에 보자기를 덮어서 사용할 수도 있어요.

1. 박스 양쪽에 팔이 들어갈 만한 구멍을 뚫으세요.
2. 한쪽으로 양육자가, 다른 한쪽으로 아이가 손을 집어넣으세요.
3. 박스 안에는 몇 가지 물건을 넣어 두세요.
4. 물건을 만지면서 크기와 모양에 대해 얘기하세요.
5. 어떤 물건일지 상상해 보세요.
6. 양육자랑 아이가 함께 물건을 만지기 때문에 물건의 느낌과 특징에 대해 보다 자세하고 생동감 있는 대화를 나눌 수 있어요.
7. 물건을 상상하면서 아이의 두뇌가 발달해요.

풍선 배드민턴

표준보육과정영역
- 신체운동

♣ **준비물**
배드민턴 채, 풍선

1. 배드민턴 채로 풍선을 치며 걸어가 보게 하세요.
2. 양육자가 있는 곳까지 풍선을 몰아오게 하세요.
3. 풍선을 쳐서 침대 위로 올려 보게 하세요.
4. 풍선을 몰며 이방저방 돌아다니게 하세요.
5. 즐겁게 놀면서 상·하체를 골고루 발달시킬 수 있어요.

 육아 명언

물고기를 주어라. 한 끼를 먹을 것이다. 물고기를 잡는 법을 가르쳐 주어라. 평생을 먹을 것이다. – 탈무드

인형과 놀아요

표준보육과정영역
- 사회관계

♣ 준비물
인형

인형은 아이와 영혼의 동반자입니다. 늘 함께 있고, 자신의 말을 잘 들어 주기 때문이지요. 인형과 사이좋게 지내도록 지도해주세요.

1. 조금 비싸더라도 촉감이 좋고, 표정이 있는 인형을 선물하세요.
2. 예쁜 이름을 지어 주세요.
3. 인형 머리를 빗겨주거나 옷을 갈아 입히게 하세요.
4. 인형이 좋아하는 장소에 앉히거나, 잠자는 장소에 눕히는 훈련을 해주세요.
5. 함부로 다루면 인형이 아파한다고 말해 주세요.
6. 인형과 볼을 비비며 인사하도록 가르쳐 주세요.
7. 아이는 인형과 아주 깊은 유대감을 갖게 될 거예요.

손거울 놀이

표준보육과정영역
- 자연탐구

♣ **준비물**
손거울

1. 햇볕이 알맞게 내리쬐는 날엔 거울 하나만 들고 밖으로 나가세요.
2. 햇볕을 거울에 반사시켜 그늘진 곳에 비춰 보세요.
3. 손거울을 흔들면 반사된 햇볕이 춤을 출 거예요.
4. 손거울로 반사된 빛을 나뭇잎과 꽃잎, 양육자의 얼굴에 비춰보게 하세요.
5. 양육자도 아이와 조금 떨어져 반대편에 서서 아이에게 손거울을 비춰 보세요.
6. 빛을 반사하는 거울의 원리를 설명해주세요.

Part 5

이렇게 놀아주세요

- 노래를 부르며 악기를 두드려 보게 하세요. 눈과 손의 협응력이 발달하고 리듬에 맞춰 몸을 움직일 수 있어요.

- 감정을 노래나 말로 표현하게 하세요. 이젠 제법 다양한 어휘로 자신을 표현할 능력이 생겼습니다.

- 조금 복잡한 형태의 블록을 가지고 놀게 해보세요. 처음에는 아이에게 어려울 수 있으므로 양육자가 시범을 보여 주거나 함께 놀아주세요. 블록 놀이는 손놀림뿐만 아니라 아이의 두뇌발달에 아주 많은 영향을 미칩니다. 또한 아이가 가장 집중해서 놀 수 있는 놀이기구이기도 합니다.

쌍둥이를 찾아라

표준보육과정영역
- 신체운동

♣ **준비물**
상자

1. 안이 안 보이는 상자 안에 몇 가지 물건을 넣어 두세요.
2. 양육자가 컵을 들고 상자에서 컵을 꺼내보게 하세요.
3. 아이는 상자 속의 물건들을 만지면서 컵을 찾으려고 노력할 거예요.
4. 아이는 양육자가 든 컵을 보는 동시에 손으로 만지므로 물건의 특징을 파악할 수 있어요.

쉽고 재밌게 시작하는 영어놀이

아침에 일어나서 "헬로우."라고 하거나 자기 전에 "굿 나잇."이라고 말하면서 양육자나 아이나 쉽고 재미있게 영어 공부를 하세요. 일상에서 재미있게 사용해야 즐거운 마음으로 실력을 키울 수 있습니다. 영어도 우리말과 다름없이 써 버릇하면 영어 공부를 본격적으로 시작할 때 편한 마음으로 할 수 있을 거예요.

종이로 만든 징검다리

표준보육과정영역
- 신체운동

♣ **준비물**
여러 장의 종이

바닥에 그림을 테이프로 붙이고 놀이해도 됩니다.

1. 동물이나 과일의 그림, 숫자가 그려진 종이를 바닥에 흩어 놓으세요.

2. 방에서 방으로 종이만 밟고 다니기를 하세요.

3. 한 사람이 그림이나 숫자를 말하면 다른 사람이 그 종이로 건너가기를 해보세요.

4. 종이를 밟고 미끄러지지 않게 아이는 맨발로 놀게 하세요.

밥그릇 잠수시키기

표준보육과정영역
- 자연탐구

♣ **준비물**
그릇, 숟가락

아이들은 물에서 놀이하는 것을 좋아하고 신나게 놀게 됩니다.

1. 플라스틱 그릇과 숟가락을 준비하세요.
2. 숟가락으로 탕 속의 물을 떠서 그릇에 담게 하세요.
3. 그릇에 물이 찰수록 점점 가라앉아요.
4. 계속 퍼 담으면 그릇이 물 속으로 쪼르르 가라앉아요.
5. 손놀림 훈련도 되고, 물에 뜨고 가라앉는 현상을 관찰할 수 있어요.

 이렇게 놀 수도 있어요

★ 누가 더 빨리 그릇을 잠수시키는지 시합해 보세요.

무엇이 빠졌을까요

표준보육과정영역
• 자연탐구

♣ **준비물**
도화지,
크레파스(크레용)

1. 크레파스로 동물 그림을 그리세요. 그리고 한 가지를 빼놓으세요. 눈이 없거나, 발이 하나 없는 그림이겠죠.

2. 아이가 이 그림을 보고 부족한 부분을 찾아 그려 넣게 하세요.

3. 사물의 특징, 전체와 부분을 구분하게 될 거예요.

말이 쉽게 늘지 않는 아이 어떻게 할까요?

먼저 아이가 말을 잘 알아듣는지 확인해 보세요. 가장 좋은 방법은 듣고 말하기를 반복하도록 도와주는 것입니다. 낱말 하나를 계속하여 들려주세요. 또한 아이가 말을 했을 때 잘못이 있다고 하여 지적하거나 윽박지르면 아이는 다시 말문을 닫아버립니다. 아이와 끊임없이 대화하면서 작은 일에도 칭찬하고 짧은 말이라도 자신있게 하도록 용기를 북돋워주세요.

놀이 텐트

표준보육과정영역
- 예술경험

♣ **준비물**
막대기 두 개,
텐트 덮개

아이는 자기만의 공간을 갖고 싶어하고, 그곳을 소중히 여길 줄도 압니다. 아이의 비밀 공간을 만들어주세요. 아이는 기분이 좋을 때나 우울할 때 이곳을 찾을 거예요. 간단하게 아기 텐트를 만들어주세요.

1. 기둥을 두 개 세우세요.

2. 텐트 덮개를 덮은 후 양쪽을 바닥에 고정시켜 주세요.

3. 아이 물건들을 텐트 안에 놓아주세요.

4. 텐트 안팎을 그림으로 치장해 주세요.

물에 뜨는 물건은?

표준보육과정영역
- 자연탐구

♣ **준비물**
물에 뜨는 물건들, 가라앉는 물건들

아이가 물에 넣고 싶은 물건을 스스로 고르게 하는 것도 좋습니다.

1. 장난감, 공, 돌멩이, 숟가락, 바가지, 컵, 동전 등 물에 뜨거나 뜨지 않는 물건을 적당히 혼합하세요.
2. 목욕을 하며 이 물건들이 물에 뜨는지 실험해 보세요.
3. 아이가 맞추면 성취감도 얻고 과학적인 지식도 얻을 수 있어요.

줄줄이 도미노

표준보육과정영역
- 자연탐구

♣ **준비물**
블록

블록을 이용하여 도미노 게임을 할 수 있습니다. 도미노 놀이는 과학적이고 체계적인 사고를 갖게 합니다.

1. 블록을 길게 세워 도미노를 만든 후 아이가 넘어뜨리게 하세요.

2. 조금 떨어진 곳에서 공을 굴려 도미노를 넘어뜨리게 하세요.

3. 입으로 훅 불어 쓰러뜨리게 하세요.

4. 아이는 도미노가 줄줄이 쓰러지는 걸 재미있어할 거예요.

활동적이며 잘 노는 아이, 키도 크다

몸을 많이 움직이는 아이일수록 키가 쑥쑥 큽니다. 운동은 성장 호르몬을 분비시키며 신체의 각 부위에 스트레칭 효과를 주어 뼈와 근육이 잘 자라게 합니다. 성장 호르몬이 더욱 많이 분비되게 하려면 최소한 10분 이상 운동해야 하며 일주일에 3, 4회 정도 하는 게 좋습니다.

간질간질 악수

표준보육과정영역
- 사회관계

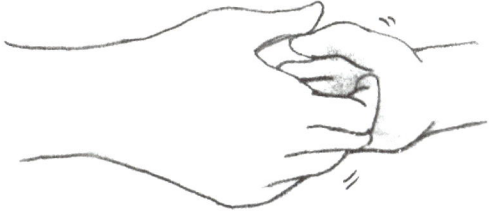

아이가 칭찬받을 만한 일을 했거나, 양육자를 즐겁게 해주는 일을 했을 때 다음과 같이 악수를 해보세요.

1. 악수하면서 집게손가락으로 아이의 손바닥을 '간질간질' 간지럽혀 주세요.

2. 아이는 "까르르" 웃으며 간지러워할 거예요.

3. 단순한 행동이지만 양육자의 사랑을 전해 줍니다.

4. 아이는 양육자랑 재밌는 악수를 하기 위해 착한 일을 할지도 몰라요.

5. 아이가 착한 일을 하고 악수를 청할 때마다 즐거운 마음으로 아이의 기대에 부응해주세요.

손가락 피아노 놀이

표준보육과정영역
- 신체운동
- 예술경험

1. 양육자가 양 손바닥이 보이게 나란히 내민 후 엄지손가락만 꼽으세요. 그러면 각각 네 개의 손가락이 펼쳐져 있어요.

2. 아이가 손가락을 하나씩 눌러보게 하세요.

3. 양육자의 오른손 검지가 '도', 중지가 '레', 약지가 '미', 새끼손가락이 '파'예요.

4. 양육자의 왼손 새끼손가락이 '솔', 약지는 '라', 중지는 '시', 검지는 '도'예요.

5. 먼저 연습을 하세요. '도'부터 높은 '도'까지 아이가 누를 때마다 계이름을 합창해 보세요.

6. 양육자와 아이가 함께 음악을 만들어 가는 거예요.

구슬 빠뜨리기

표준보육과정영역
- 사연담구

♣ **준비물**
상자, 두꺼운 종이, 구슬

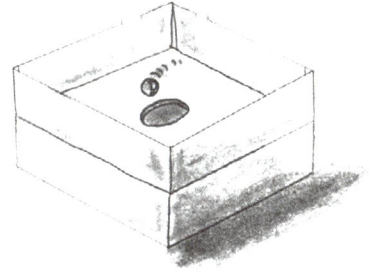

1. 상자 한 면의 네 귀퉁이에 두꺼운 종이를 붙여 벽을 만드세요.

2. 그리고 벽을 만든 상자의 면에 구슬이 들어갈 만한 구멍을 하나 뚫으세요.

3. 이제 상자 위에 구슬을 올려놓고 구멍으로 구슬을 넣어보게 하세요.

4. 상자를 들고 이리저리 움직이면서 구슬이 구멍에 들어가도록 해보세요.

5. 이번엔 상자 안에 여러 개의 구슬을 올려놓아 주세요.

6. 이 놀이는 손과 눈의 협응력도 높여주고, 측정능력, 조절 능력도 키워 줘요.

어디에 쓰는 물건이죠?

표준보육과정영역

- 자연탐구

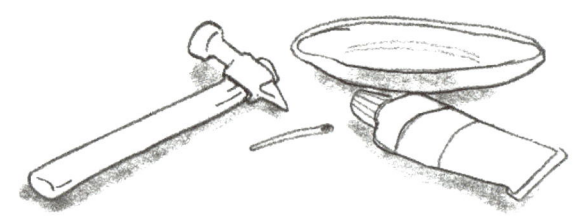

집안에서 흔히 볼 수 있는 물건의 용도를 보다 잘 이해하게 하는 놀이에요.

1. "망치는 어디에 쓰는 물건이죠?", "바늘은 어디에 쓰는 물건이죠?" 하고 물어보세요.

2. "접시는 어디에 쓰는 물건이죠?", "치약은 어디에 쓰는 물건이죠?" 하고도 물어보세요.

3. 아이는 신나게 대답할 거예요.

4. 아이가 모르는 물건은 사용하는 모습을 직접 보여주세요.

5. 이제부터 아이는 집안의 물건이 어디 쓰이는지 더 눈여겨 볼 거예요.

일상생활 속 놀잇감

영유아들은 부모를 모방하는 것을 좋아하므로 부엌에서 사용하는 여러 주방도구도 흥미로운 놀잇감이 될 수 있습니다. 단, 안전에 유의하여 놀이가 진행될 수 있도록 합니다.

자동차로 그린 그림

표준보육과정영역
- 예술경험

♣ **준비물**
장난감 자동차, 물감, 붓, 도화지

자동차 바퀴가 다른 것으로 바꾸어 바퀴의 다양함을 알 수 있도록 놀이해주세요.

1. 아이의 장난감 자동차 타이어에 붓으로 물감을 칠하세요.

2. 도화지 위에 자동차를 굴려 보세요.

3. 자동차의 타이어 자국이 나타나요.

4. 로봇 장난감의 발자국도 같은 방법으로 찍어 보세요.

 양육자와 함께 식사하는 아이가 건강하다

양육자와 자주 밥을 함께 먹는 아이는 그렇지 못한 아이보다 식습관도 올바르고 영양 섭취량도 많다고 합니다. 함께 식사를 하면서 올바른 습관을 배우고, 화기애애한 분위기 속에서 맛있게 먹기 때문에 섭취량도 늘어나는 것이지요. 아이와 밥 먹는 일을 가벼이 생각하지 마세요. 한번이라도 더 함께 먹으려는 노력을 해보세요.

Part 6

이렇게 놀아주세요

- 아이가 원하는 놀이에 귀를 기울여 주세요. 혹시 양육자의 요구대로 아이를 이끌어 가고 있지 않은지 생각해 보세요. 아이의 외국어 실력을 키워 주기 위해 영어 노래 부르기를 강요하고 있지 않는지요. 아이에겐 무척 고된 시간일 수 있습니다.

- 활동적인 아이에게 정적인 놀이, 정적인 아이에게 활동적인 놀이는 맞지 않는 옷입니다. 아이의 특성이 어느 정도 나타나는 시기이므로 놀이에 있어서도 아이의 성격과 맞는 것을 택해 주세요. 그리고 양육자의 욕심을 채워주기 위해 놀이라는 명목으로 아이가 혹사당하지 않도록 배려해 주세요.

- 꽃과 나무, 강가의 돌멩이를 보고 만지면서 자연을 느끼고 호흡할 수 있도록 해주세요. 아이는 탁 트인 마음으로 즐거운 하루를 보낼 거예요. 먼 곳이 아니어도 상관없습니다. 가까운 공원이나 약수터, 등산로도 좋습니다. 얼마나 먼 곳으로 가느냐보다는 얼마나 자주, 그리고 즐거운 마음으로 가느냐가 중요합니다.

정전기 놀이

표준보육과정영역
- 자연탐구

♣ **준비물**
책받침, 종이

정전기를 통해 탐구하는 모습과 놀이를 함께 할 수 있도록 즐겁게 놀이해주세요.

1. 책받침을 아이가 입고 있는 옷에 문지르세요.

2. 곧바로 종이 조각에 가져가면 종이 조각들이 책받침에 달라붙어요.

3. 책받침을 문지른 후 아이의 머리에 대보세요. 머리가 '쭈뼛쭈볏' 서요.

4. 이번엔 책받침끼리 문질러 보세요. 서로 떨어지지 않으려 할 거예요.

5. 아이가 난생 처음 마찰에 의한 정전기를 구경하는 순간이예요.

터널 속 악수

표준보육과정영역
- 사회관계
- 자연탐구

♣ **준비물**
도화지, 테이프

보이지 않는 공간에 무엇이든 넣어서 아이들의 호기심을 자극해주세요.

1. 종이를 원통 모양으로 말아 테이프로 고정시키세요.
2. 한쪽으로 아이가 손을 집어넣고, 반대쪽에는 양육자가 손을 넣으세요.
3. 손을 만지며 악수도 하고 간질이기도 하세요.
4. 원통 속에 인형이나 장난감, 촉감이 독특한 물건을 넣은 후 어떤 물건인지 말해보게 하세요.
5. 보이진 않지만 느껴지는 촉감이 더 오래 기억될 수도 있어요.

고무줄 하프 연주

표준보육과정영역

- 예술경험

♣ **준비물**

고무줄, 막대기

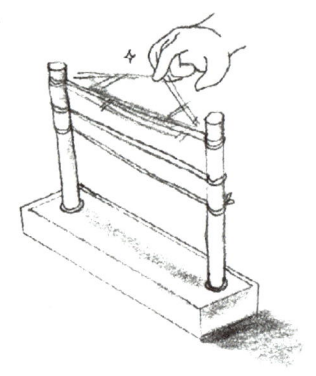

고무줄의 종류와 두께, 얼마나 팽팽하게 맸느냐에 따라 튕길 때 소리가 달라집니다.

1. 막대기 두 개를 양쪽에 고정시키세요.
2. 막대 사이에 고물 줄을 여러 개 이어주세요.
3. 하나씩 튕겨 보게 하세요.
4. 하프를 타듯이 여러 개를 동시에 튕겨 보게 하세요.
5. 고무줄이 흔들리면서 바람을 가르는 소리가 난다는 사실을 말해주세요.
6. 두께와 잡아당기는 힘에 따라 소리가 달라지는 걸 설명해 주세요.

저울 놀이

표준보육과정영역
- 자연탐구

♣ **준비물**
저울

무게를 알고 무겁다 가볍다 놀이를 통해 탐구에 대한 호기심을 길러주세요.

1. 밀도와 무게가 다른 물건과 저울을 준비하세요.
2. 무게를 재기 전에 어떤 것이 무게가 많이 나갈지 얘기해 보세요.
3. 직접 무게를 달아보세요.
4. 물건을 올리면 저울의 눈금이 좌우로 춤을 춰요.
5. 저울의 눈금 보는 법을 가르쳐주세요.

뜨개질 공 감기

표준보육과정영역
- 신체운동

♣ **준비물**
뜨개실 뭉치, 테이프

뜨개실 뭉치는 푹신푹신 하고, 실을 잡아당기면 길게 풀어져 나오기 때문에 아이들이 좋아하는 놀잇감이에요. 뜨개실을 공 모양으로 감으면서 손과 눈의 협응 능력을 키울 수 있는 놀이를 해보세요.

1. 둥그렇게 감겨 있는 뜨개실 뭉치를 보여주세요.
2. 아이가 실을 잡고 잡아당겨 실을 풀어보게 하세요.
3. 풀린 실을 다시 감아보게 하세요.
4. 양육자가 같이 하면서 손이 함께 감기지 않게, 그리고 단단하게 감는 요령을 알 수 있게 해주세요.
5. 뛰어다니다 실에 걸려 넘어져 다칠 수도 있습니다. 놀이가 끝나면 집안에 실이 풀어져 돌아다니지 않게 해주세요.

짝짜꿍

표준보육과정영역
- 신체운동
- 사회관계

"아침 바람 찬 바람에 / 울고 가는 저 기러기
 차표 한 장 써주세요 / 한 장 말고 두 장이요..."
 노래에 맞춰 양육자와 아이가 손바닥을 마주치며 놀아요.

1. 손뼉을 친 후 오른 손바닥끼리 부딪치세요.

2. 손뼉을 친 후 왼 손바닥끼리 부딪치세요.

3. 양 손바닥을 서로 부딪치세요.

4. 양육자는 위에서 아래로, 아이는 아래에서 위로 손바닥을 향하고 손바닥끼리 부딪치세요.

5. 손바닥이 엇갈리기도 하면서 재밌는 손 놀이가 될 거예요.

엄지손가락 잡기

표준보육과정영역
- 신체운동

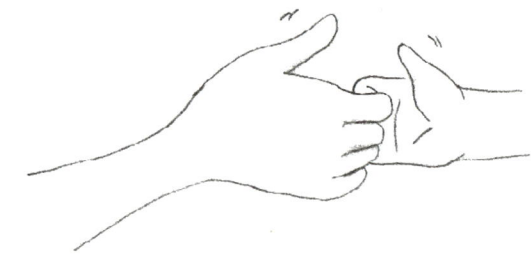

오감 중 촉감을 이용한 놀이입니다. 신체 놀이를 해보는 경험을 많이 해주세요.

1. 오른쪽 손가락끼리 걸어 보세요.
2. 엄지손가락을 움직여 상대방 엄지손가락을 잡는 사람이 잡힌 사람을 가지럼 태우는 놀이예요.
3. 손을 움직일 때마다 자기도 모르게 몸까지 따라 움직여요.
4. 양육자가 자꾸 져줘야 아이가 재밌어 하겠죠.

Q. 우리 아이는 야단을 쳐도 도대체 잘못했다는 말을 안해요.

A. 매를 자주 맞는 아이의 특징입니다. 너무 자주 체벌을 가하지 않는지, 양육자가 잘잘못을 따지려 하여 아이에게 스트레스를 주며 반항심을 사고 있지 않은지 돌이켜 보세요. 양육자에게 매를 한 대 맞으면 자신의 잘못이 그것으로 해결된다는 생각을 하는 것이지요. 혼을 내거나 매를 드는 일에 더 신중하셔야 합니다.

상자 낙서판

표준보육과정영역
- 예술경험

♣ **준비물**
큰 박스, 도화지, 풀, 크레파스

큰 박스나 큰 종이를 싫어하는 아이는 작은 것부터 시작해서 큰 종이까지 사용할 수 있도록 해주세요.

1. 박스나 상자의 바깥 면에 도화지를 붙이세요.
2. 이곳에 아는 글자를 쓰게 하세요. 그림을 그려도 좋아요.
3. 아이는 이 상자를 가지고 놀며 낙서도 하고 자신이 쓴 글자와 그림을 다시 보게 되지요.
4. 이런 상자가 몇 개 만들어지면 블록을 쌓을 수도 있어요.
5. 아이의 몸집 만한 큰 상자라면 대근육 운동에도 좋아요.

또 생각났어요

표준보육과정영역
- 의사소통
- 예술경험

♣ **준비물**
도화지, 크레용

연상은 가장 자연스러운 사고 방식입니다. 아이들에게도 자신이 알고 있는 범위 내에서 연상해내는 능력이 있습니다.

1. 지금 생각나는 아무 그림이나 그려보게 하세요.

2. 아이가 자동차를 그렸으면, 자동차를 보면 생각나는 것을 그리게 하세요.

3. 자동차를 보며 비행기를 연상할 수도 있겠지요.

4. 아이와 양육자와 번갈아 가며 또 생각나는 걸 그려가세요.

체벌은 하지 않습니다

양육자가 화를 이기지 못해 화풀이로 체벌을 가한다면 양육자로서의 자격이 없는 거나 마찬가지입니다. 체벌해야 할 상황이 발생한다면 합당한 이유를 충분히 설명해주세요. 양육자의 작은 실수가 아이에겐 돌이킬 수 없는 상처가 될 수 있습니다.

블록 마을

표준보육과정영역
- 신체운동
- 의사소통

♣ **준비물**
블록

블록은 눈과 손의 협응력을 키워주고 창의력을 키워주는 놀잇감입니다. 양육자가 함께 놀아주세요.

1. 가지고 있는 블록을 모두 모아 온 가족이 마을을 만들어 보세요.

2. 집과 거리, 경찰서, 소방서, 강아지 집을 만들어 보세요.

3. 블록이 부족하면 색종이나 나무토막 등을 이용하세요.

4. 건물의 이름을 써서 붙여주세요.

5. 아이는 마을을 만들어 가면서 성취감을 느낄 거예요. 그리고 마을에 등장하는 여러 가지 이름들을 알 수 있는 기회도 되지요.

Part 7

이렇게 놀아주세요

- 인형을 통해 스트레스를 풀게 해주세요. 아무리 훌륭한 양육자도 아이에겐 이해되지 않는 존재, 시시때때로 변하는 존재일 수 있습니다. 때로는 아무 말 없이 늘 자기 곁에 있어주는 인형이 마음의 안정을 줄 수 있습니다. 아이의 기분이 울적해 보일 때는 인형을 손에 꼭 쥐여 주세요.

- 함께 음식을 만들어 보세요. 특히 입맛이 까다로운 아이의 경우 억지로 먹이려 하지 말고 즐거운 마음으로 자신이 직접 음식을 만들어 보게 함으로써 음식에 대해 흥미를 느끼게 해주세요. 요리는 아이의 두뇌, 신체 발달에도 좋습니다. 주말은 양육자, 아이가 함께 요리하는 날로 정해보세요.

신문지 옷 만들기

표준보육과정영역
- 예술경험

♣ **준비물**
신문지, 가위, 테이프

아이들과 놀 때는 신문지도 좋은 옷감입니다.

1. 신문지를 두 번 접고 모서리 부분을 오려내세요. 아이가 가위로 오릴 수 있으면 더 좋겠죠.

2. 신문을 펴면 아이 옷이 간단히 완성돼요.

3. 팔 아래쪽은 테이프로 고정시켜 주세요.

4. 머리에 쓰는 고깔도 만들어 보세요.

벽을 향해 던져라

표준보육과정영역
- 신체운동

♣ **준비물**
공

이 시기의 사내아이는 힘을 자랑하려고 합니다. 양육자와 많이 놀아본 아이일수록 더 그렇습니다. 분출하는 아이의 힘을 발산하도록 해주세요.

1. 벽을 향해 있는 힘껏 공을 던지게 하세요.
2. 벽을 맞고 튀어나온 공을 달려가 잡게 하세요.
3. 처음엔 공이 사방으로 튀지만 자꾸 하다보면 일정한 위치에 맞을 거예요.
4. 아이의 팔에 무리가 가지 않도록 놀이 시간을 조정해주세요.
5. 이 놀이는 아이의 팔 힘과 민첩성을 길러줍니다.

호루라기 길게 불기

표준보육과정영역
- 신체운동
- 예술경험

♣ **준비물**
호루라기

숨을 깊이 들이마시고 내뱉게 하는 놀이입니다. 또한 크고 씩씩한 소리가 아이의 청각을 강하게 자극합니다.

1. 호루라기를 힘껏 불어보게 하세요.

2. 양육자와 같이 길게 불어보기를 해보세요.

3. 아이는 숨을 깊이 들이마시고 내뱉는 요령을 배우겠지요. 심폐기능을 발달시켜 줍니다.

이렇게 놀 수도 있어요

★ 아코디언이나 리코더도 불어보게 하세요.
★ 불면 혀가 길게 나오는 장난감 나팔 불기도 재미있습니다.

볼링 놀이

표준보육과정영역
- 신제운동

♣ 준비물
우유팩, 깡통,
패트병, 공

굴릴 수 있는 공과 폐품류는 쉽게 구할 수 있는 재료입니다. 다양하게 물건을 바꾸어 놀이해주세요.

1. 우유팩이나 요구르트병, 패트병을 바닥에 놓고 공을 던져 쓰러뜨리는 놀이예요.

2. 가까운 곳에서 던지다가 점점 멀리서 던지게 해보세요.

3. 몇 개를 쓰러뜨렸는지 세보게 하세요.

4. 이 놀이로 공간 감각과 조절 능력을 길러줄 수 있습니다.

꼬마 인디언

표준보육과정영역
- 예술경험
- 자연탐구

꼬마 인디언 노래의 가사를 바꿔 부르면서 사물의 이름을 알아가도록 해보세요.

1. "책 하나 책 둘 책 옆에 인형, 인형 하나 인형 둘 인형 옆에 야구공, 공 하나 공 둘 공 옆에 사과"와 같은 방식으로 리듬에 맞춰 불러보세요.

2. 숫자 세기도 익히고 어휘력도 늘겠죠.

3. 아이가 익숙해지면 더 다양한 어휘를 활용하고, 노래의 속도도 더 빠르게 해보세요.

그림자 밟기

표준보육과정영역
- 신체운동
- 자연탐구

신체를 움직여보며 그림자의 변화에 호기심을 갖도록 해주세요.

1. 양육자와 아이가 함께 그림자 밟기 놀이를 해보세요.

2. 서로 쫓고 쫓기면서 한참을 즐겁게 뛰어다닐 수 있을 거예요.

3. 아이의 체력과 순발력을 기를 수 있는 놀이예요.

이렇게 놀 수도 있어요

★ 그림자를 보고 눈, 팔, 다리 부위를 맞춰보게 하세요.
★ 여러 가지 동물 모양을 손그림자로 만들어 보세요.

신문지 더미 놀이터

표준보육과정영역
- 사회관계
- 신체운동

♣ **준비물**
신문지

이 놀이는 여러 아이들이 함께 하면 더 재미있습니다. 집에 있는 신문지를 들고 한 집에 모이세요.

1. 신문지를 모두 바닥에 펼쳐 놓으세요.

2. 신문지 몇 개는 구겨 놓으세요.

3. 아이들에게 팬티와 셔츠만 입히세요.

4. 이제부터 신나게 신문지를 구기고, 발로 차고, 몸에 비비고, 구르는 시간이에요.

5. 신문지로 만든 공을 서로 던지면서 놀게 하세요.

6. 신문지를 한아름 안았다가 던져보게 하세요.

7. 신문지를 구겨 이상한 모양을 만들어 보게 하세요.

8. 아이들은 서로 얽혀서 신나는 오후를 보낼 거예요.

구슬꿰기

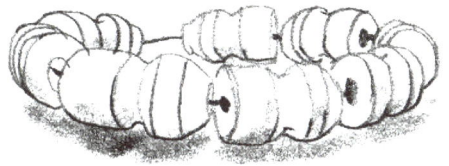

표준보육과정영역
- 신체운동
- 예술경험

♣ **준비물**
요구르트 병,
단추, 실

처음에는 큰 구슬을 꿰어보게 하세요. 그리고 점점 작은 구슬을 꿰어보게 하세요. 점차 손놀림이 섬세해집니다.

1. 요구르트 병 바닥에 구멍을 뚫으세요.

2. 이제 아이가 요구르트 병들을 실에 꿰어 목에 걸 수 있는 화환을 만들게 해보세요.

3. 아이가 화환을 자기 목에도 걸어보고, 아빠가 퇴근해 집에 오면 아빠 목에도 걸어주게 하세요.

4. 아이의 손놀림이 섬세해지고, 집중력이 향상될 거예요.

5. 실 꿰기에 익숙해지면 작은 단추를 꿰어 팔찌나 목걸이를 만들어 보게 하세요.

Part 8

이렇게 놀아주세요

- 아이들은 점차 문법적으로 맞는 말을 하게 됩니다. 양육자와의 대화를 통해 언어 감각을 더욱 높여 주세요. 서로 질문하기를 해보세요. 아이가 좋아하는 것, 오늘 있었던 기억나는 일, 할머니가 좋은 이유, 그림책 속에 나오는 인물들의 생김새 등에 대해 물어보세요. 아이는 신이나서 대답할 거예요.

- 친구들과 함께 놀게 하세요. 친구들과 함께 있을 때도 이 시기 아이들은 아직 혼자 노는 것에 익숙합니다. 그렇지만 자주 기회를 갖다 보면 차츰 시선이 친구에게로 확대됩니다. 이제 곧 놀이방, 유아원에 가야 할 시기이므로 준비를 해두는 것이 좋겠지요. 먼저 자신을 소개하는 것부터 시작하세요. 혹시 아이가 싸우는 경우가 있다면 무조건 말리지 말고 사회성을 기를 수 있는 기회다 생각하고 잘 해결하도록 조금씩 도와주기만 해도 좋습니다. 양육자가 아이를 계속해서 감싸기만 하면 아이가 친구들과 어울릴 시간은 그만큼 줄어들고 적응 시기도 늦어집니다.

가위바위보 계단놀이

표준보육과정영역
- 사회관계

이 시기가 되면 아이는 규칙과 차례를 가지고 여러 명이 같이 할 수 있는 놀이에 관심을 보일 거예요.

1. 가위바위보를 해 이긴 사람이 계단을 한 칸 올라가는 놀이를 해보세요.

2. 양육자가 시범을 보이거나 이웃집 큰 아이들이 노는 걸 보게 해 가위바위보와 계단놀이의 규칙을 알게 해주세요.

3. 처음에 아이는 가위바위보에서 지더라도 계단을 오르려 할 거예요.

4. 아이가 차차 규칙과 차례를 이해하고 지킬 수 있게 가르쳐 주세요.

젓가락 리듬 놀이

표준보육과정영역
• 예술경험

♣ **준비물**
냄비 뚜껑, 그릇, 깡통, 나무젓가락

아이의 주변에 있는 물건은 아이의 놀잇감입니다.

1. 집안에 있는 여러 가지 물건으로 드럼을 만들어 보세요.

2. 냄비 뚜껑, 그릇, 깡통이 모두 재료가 될 거예요.

3. 경쾌한 음악을 틀어놓고 나무젓가락으로 신나게 두드려 보게 하세요.

4. 아이가 차츰 리듬을 타며 두드리게 될 거예요.

5. 저마다 다른 소리를 내는 뚜껑과 그릇들을 두드리며 아이의 운동신경이 발달할 거예요.

6. 양육자도 나무젓가락을 들고 같이 두드려 주세요. 아이가 더 즐거워 할 거예요.

물 페인트 칠하기

표준보육과정영역
- 예술경험

♣ **준비물**
세숫대야,
페인트 붓, 물

물과 친숙해지는 놀이 프로그램입니다. 자연을 사랑하고 관심을 갖습니다.

1. 세숫대야에 물을 채워 집 밖으로 나가세요.
2. 페인트 붓에 물을 묻혀 담벼락, 나무, 차에 칠하게 하세요.
3. 물 페인트는 어디에 칠해도 더러워지지 않아요.
4. 아이는 마치 전위 예술가가 된 듯이 신나게 물 페인트칠을 할 거예요.

 이렇게 놀 수도 있어요

★ 손에 물을 묻혀 벽에 자국을 내보게 하세요.

사탕은 몇 개?

표준보육과정영역
- 자연탐구

♣ **준비물**
사탕

아이들이 좋아하는 사탕이나 초콜릿 등으로 하는 세어보기 놀이입니다.

1. 사탕을 몇 개 쥐고 아이한테 보여주면서 "몇 개일까요?" 하고 물어보세요.

2. 아이가 '하나, 둘, 셋…' 하고 세어보겠죠. 사탕의 개수는 아이가 몇 개까지 셀 수 있느냐에 따라 달리하세요.

3. 이제 왼손으로 사탕 몇 개를 옮겨 쥐고, 오른손을 펴면서 "몇 개일까요?" 하고 물어보세요.

4. 다시 왼손을 펴면서 "몇 개일까요?" 하고 물어보세요.

5. 벌써 뺄셈을 가르치려는 것이 아니라, 개수를 세고, 그 증감을 살펴보게 하는 놀이로 생각하세요.

얼음 옮겨 담기

표준보육과정영역
- 신체운동

♣ **준비물**
얼음, 그릇, 숟가락

1. 냉장고의 얼음틀에서 얼음을 빼 그릇에 담아주세요.

2. 아이와 양육자가 그릇을 하나씩 나누어 가지세요.

3. 숟가락 하나로 아이와 양육자가 번갈아 얼음 그릇에서 얼음을 퍼 자기 그릇에 옮겨 담아 보세요.

4. 미끌미끌한 얼음을 숟가락으로 옮겨 담기가 쉽지 않을 거예요.

5. 바닥에 떨어진 얼음을 집으려고 해도 손에서 미끄러져 도망을 다니죠.

6. 아이가 얼음 옮겨 담기에 성공하면 박수를 치며 격려해 주세요.

7. 옮겨 담기가 끝나면 각자 그릇에 들어 있는 얼음을 세어보세요. 아이 그릇에 제일 많은 얼음이 들어가 있게 해주세요.

단풍길 산책

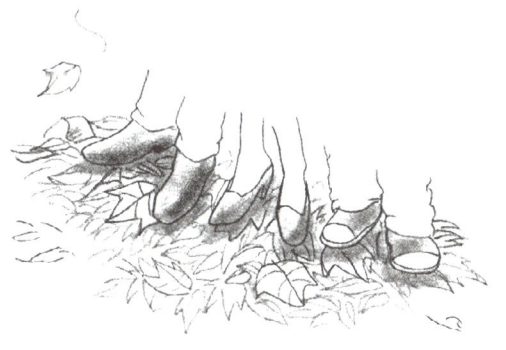

표준보육과정영역
- 자연탐구
- 예술경험

'가을 길', '밖으로 나가 놀자' 등의 동요를 부르며 산책을 합니다.

1. 낙엽이 수북이 쌓인 가을의 오후 길은 색깔도 향기도 산책하기에 그만이에요.

2. 낙엽이 밟히며 나는 '사각, 사각' 소리를 가만히 들어 보세요.

3. 형형색색의 낙엽을 색깔별로 모아서 집으로 가져오세요.

4. 낙엽의 냄새를 맡아보세요. 나무의 호흡이 느껴질 거예요.

5. 낙엽을 한 움큼 집어 하늘로 뿌려 보세요.

6. 낙엽을 들고 가위바위보를 해 이긴 사람이 낙엽을 빼앗는 놀이를 해보세요.

종이 물들이기

표준보육과정영역
- 예술경험

♣ **준비물**
물감, 플라스틱 통, 종이류

여러 종류의 종이가 물을 흡수하는 현상을 보여주는 놀이입니다.

1. 플라스틱 통에 물감을 풀어 놓으세요.
2. 물감을 푼 물에 화장지를 담가 보게 하세요. 금새 물감이 번질 거예요.
3. 그 다음엔 도화지를 담가 보게 하세요. 번지는 속도가 다르죠.
4. 신문지나 포장지를 담가 보게 하세요. 솜이나 천도 담가 보게 하세요.
5. 아이는 물감을 푼 물이 흡수되면서 번져 올라가는 모습을 신기해 할 거예요.

 이렇게 놀 수도 있어요

★ 오이나 당근, 양파를 담가 보세요. 물감이 흡수된 다음 반을 갈라서 속이 어떻게 물들었는지 살펴보세요.

길고 짧은 것 대보기

표준보육과정영역
- 자연탐구
- 의사소통

이 시기가 되면 아이들은 '길다', '짧다', '크다', '작다'라는 말을 쓰기 시작하죠. 직접 물건을 대보고 비교하면서 측정 감각을 키울 수 있게 해주세요.

1. 책 한 권을 골라 보여주고는 "더 큰 책 찾기 놀이를 해볼까? 엄마 책보다 더 큰 책을 가져오세요." 하고 말해 주세요.

2. 아이가 책을 가져오면 직접 대보세요.

3. 아이가 가져온 책이 더 크면 "야, 정말 큰 책이네." 하고 칭찬해 주세요. 이제 엄마가 더 큰 책을 찾아 나설 차례겠죠.

4. 아이가 가져온 책이 더 작으면 "이런, 엄마 책이 더 크네. 더 큰 책을 찾아주세요."라고 말해 주세요.

5. 더 긴 것 찾기, 더 무거운 것 찾기, 더 두꺼운 것 찾기로 바꿔가며 놀아보세요.

부모와 교사를 위한
육아 놀이 지침서

놀이를 부탁해